Gianluca Magi

36 Strategeme für Erfolg und Wohlstand

GIANLUCA MAGI

36 Strategeme für Erfolg und Wohlstand

DIE ALTBEWÄHRTE CHINESISCHE KUNST DER STRATEGIE

Aus dem Italienischen
von Elisabeth Liebl

KAILASH

Für Marylène Boudlonne, eine spontane Strategin

FSC
Mixed Sources
Product group from well-managed forests and other controlled sources
Cert no. SA-COC-001819
www.fsc.org
© 1996 Forest Stewardship Council

Verlagsgruppe Random House FSC-DEU-0100
Das FSC-zertifizierte Papier *EOS* für dieses Buch liefert Salzer, St. Pölten.

Die italienische Originalausgabe erschien 2003 unter dem Titel »I 36 stratagemmi« bei Edizioni Il Punto d'Incontro.

1. Auflage
Deutsche Erstausgabe

Lektorat: Julia Eisele, München
Umschlaggestaltung: Weiss|Zembsch|Partner: WERKSTATT|MÜNCHEN
unter Verwendung eines Motivs von
© Dmitriy Syechin / Fotolia
Satz: EDV-Fotosatz Huber/Verlagsservice G. Pfeifer, Germering
Druck und Bindung: CPI Moravia, Pohořelice
Printed in Czech Republic
ISBN 978-3-424-63010-7
www.kailash-verlag.de

Inhalt

Strategien für die Vorwärtsbewegung

Strategien für den Rückzug

Vorwort

Fluss, Bewegung, das nicht Wahrnehmbare? Die Chinesen nennen es das *Tao*. Die gegensätzlichen Pole von Yin und Yang (Dunkel – Licht, Mond – Sonne, kalt – warm, negativ – positiv). Das wesentliche Prinzip hinter diesen Gegensätzen ist, dass nichts unverändert bleibt. In der realen, physischen Welt ist alles einem steten Wandel unterworfen. Der Taoismus geht davon aus, dass diese Dynamik eine innere Regelmäßigkeit besitzt und bestimmten Zyklen folgt, die dennoch so weit beeinflussbar sind, dass der Mensch gestaltend eingreifen kann – zum Guten oder zum Schlechten. Auf dieser Weltsicht fußt der uralte Weisheitstext des *I Ging*, das Buch der Wandlungen. Dessen Grundgedanken haben auch die *36 Strategeme* geprägt, den Strategieklassiker des Taoismus. In praktischen Dingen folgt die Lehre des Taoismus einer ganz elementaren Lebensregel: Lerne vom Prinzip jener Elemente der Natur, die – wie das Wasser – siegen, ohne zu kämpfen. Auf die taoistische Praxis übertragen heißt das: »Wenn du den Atem kontrollierst, verlierst du ihn. Wenn du ihn fließen lässt, behältst du ihn.«

Franco Battiato

Dialog zwischen Ost und West

Meine Forschungsarbeiten sind stets von einem grundlegenden philosophischen und psychologischen Interesse geleitet, ob es nun um didaktische Sufigeschichten geht, wie in meinem Buch *Der verborgene Schatz,* oder um die 36 Strategeme der chinesischen Strategiekunst.

Als ich die Übersetzung und Herausgabe dieses Klassikers taoistischen strategischen Denkens in Angriff nahm, ließ nichts auch nur im Entferntesten erahnen, dass dieses Buch so populär werden und seinen Weg sogar auf die Bestsellerlisten schaffen würde. Die *36 Strategeme für Erfolg und Wohlstand* haben auch berühmte Leser gewonnen. Der Liedermacher Franco Battiato hat dem Büchlein mit einem der besten Alben seiner musikalischen Laufbahn, *10 Stratagemmi*, ein Denkmal gesetzt und nun sogar das Vorwort dazu geschrieben.

Dass das Buch bei den Lesern so gute Aufnahme findet, freut mich sehr. Denn dies beweist zweierlei: zum einen ein lebendiges Interesse an der taoistischen Kunst der Strategie als Form der Selbstverteidigung in einer Welt, die zunehmend von Anmaßung und mangelndem Einfühlungsvermögen in allen Spielarten geprägt ist. Daraus spricht das deutliche Empfinden, dass wir uns gegen die Übergriffe, denen wir allenthalben ausgesetzt sind, irgendwie zur Wehr setzen müssen. Zum anderen eine zunehmende Tendenz, unsere eigene Kultur für den Rest der Welt zu öffnen, also eine kosmopolitische Haltung einzunehmen, die Weisheit nicht mehr nur im abendländischen Denken sucht.

Immer mehr Menschen sind der Überzeugung, dass wir auf das östliche Denken nicht verzichten können. Das wäre so, als würden wir unsere linke Gehirnhälfte ausklammern (oder die rechte, je nachdem). Wie würde unser Gehirn funktionieren, wenn plötzlich eine Hälfte allein das Ruder übernähme?

Ich sehe mich von jeher an der Nahtstelle dieser beiden Welten. Mit den Worten Gurdjieffs gesagt, bediene ich mich der Einsicht des Ostens und der Wissenschaftlichkeit des Westens, um meine Suche voranzutreiben.

Damit unsere Welt ein lebenswerterer Ort wird, müssen wir uns meiner Meinung nach nicht nur politisch und wirtschaftlich nach Asien hin öffnen, sondern auch kulturell. Dies aber zieht tiefgreifende Änderungen nach sich. Doch vielleicht lernen wir auf diese Weise, friedlicher und zivilisierter zusammenzuleben. Jeder Versuch, ein anderes geistiges Universum zu begreifen, führt letztlich nicht nur dazu, dass man sich gegenseitig besser versteht, sondern dass man auch vertiefte Einsicht in die Grundbedingungen des eigenen Daseins als Individuum und Gesellschaft gewinnt. Aus dieser Perspektive lässt sich die eigene Wirklichkeit mit heiterer Gelassenheit wahrnehmen und allzu einseitigen Standpunkten vorbeugen. Solch eine Richtungskorrektur aber kann nur aus der Auseinandersetzung mit dem entgegengesetzten Pol erwachsen. In diesem Sinne ist es für eine gesunde Entwicklung unverzichtbar, dass Orient und Okzident harmonische Beziehungen knüpfen.

Vielleicht lässt sich nur so das Leben siegreich bestehen.

Gianluca Magi

Einführung

Du kennst die anderen und dich selbst:
hundert Kämpfe, keine Gefahr.
Du kennst die anderen nicht,
aber dich selbst: mal Sieg, mal Niederlage.
Du kennst weder die anderen noch dich selbst:
So endet jeder Kampf unweigerlich in einer Niederlage.

Sunzi

Das literarische Werk, das ich hier samt philosophischem Kommentar vorstellen möchte, stellt einen Kulminationspunkt chinesischer Weisheit dar. Erst vor etwa zwanzig Jahren wiederentdeckt, untersucht diese Weisheitsschrift die geistigen Prinzipien, die der Kunst des Siegens zugrunde liegen.

Ihr Titel lautet: *Shanshiliuji – die 36 Strategeme.*

Diese Strategeme sind in China schon seit der Frühzeit bekannt. Sie sind Ausdruck einer Philosophie der Kampfkunst, die in der Geistesgeschichte dieses Volkes einen hohen Rang einnimmt – ob nun als psychologisch motivierte Kunst militärischer und politischer Taktik oder als Grundlage der Kampfkünste, deren Entstehen und Entwicklung sie förderte.

Während der andauernden blutigen Konflikte, welche die Geschichte Chinas prägten, war die traditionsreiche Kunst, sich taktisch eine bessere Position zu schaffen, das tägliche Brot der Meisterstrategen. Mit ihren Ratschlägen halfen sie Kriegsherren, Politikern und Diplomaten nicht nur, Festungen zu schleifen und militärische Operationen erfolgreich zu Ende zu führen, sondern auch, sich außen- und innenpolitisch durchzusetzen. Die lebensklugen Empfehlungen ließen sie auch andere existenzielle Herausforderungen meistern.

Die hier vorgestellte Essenz aus fünftausend Jahren strategischer Kriegskunst reicht also weit über eine rein militärische Nutzanwendung hinaus, was die 36 Strategeme für die verschiedensten Gebiete fruchtbar werden lässt: von der Psychologie zur Politik, vom Marketing zum Management, von der Diplomatie zur Kommunikation, von der Ethik bis hin zu allgemeinen Fragen zwischenmenschlicher Beziehungen.

Die 36 Strategeme weisen Parallelen zur *Kunst des Krieges* von Sunzi auf: Ihr eigentlicher Wert liegt in ihrer psychologischen, weniger in ihrer militärischen Anwendung. Es geht hier letztlich um die Wissenschaft vom menschlichen Verhalten, um ein Psychogramm menschlicher Stärken und Schwächen und deren strategische Gewichtung. Dieses Wissen erlaubt dem Einzelnen, selbst schwierige Situationen zu meistern und nicht zum Spielball fremder Interessen zu werden. So betrachtet ist jedes Strategem wie ein Schlüssel, der uns das Tor zum Sieg aufschließt, den Gegner zermürbt und ihn dazu bringt, zu unserem Vorteil zu handeln, ohne sich dessen bewusst zu sein. Wir können aktiv werden, ohne dass unser Gegner dies bemerkt, oder ihn verwirren, um ganz bestimmte Reaktionen oder Handlungen auszulösen.

Diese Betonung des Taktierens aus dem Hintergrund, die Anwendung psychologischer Finten, erklärt, weshalb das Werk *Shanshiliuji* den Untertitel *Die geheime Kunst der Strategie* trägt.

Dieser Text führt uns in die Prinzipien menschlicher Psychologie aus einer taktischen Perspektive ein, Prinzipien, die über die Jahrtausende hinweg nichts von ihrer Gültigkeit verloren haben. Möglicherweise liegt das daran, dass das menschliche Verhalten im Grunde von bestimmten Vorstellungen geprägt ist, die unabhängig von Ort und Zeit immer dieselben sind, sodass ein offener Geist sie zu erkennen vermag.

So nimmt es nicht weiter wunder, dass die 36 Strategeme in der östlichen Welt bei der Schulung von Managern Einsatz finden, lehren sie doch die Gesetze des Erfolgs und des Siegens über den Gegner. Letztlich ist Unbesiegbarkeit das Ziel dieses Strategiekurses.

Asiatische Politiker und Unternehmer betrachten die Strategeme (*ji*)* als unerschöpfliches Arsenal bewährter Instrumente zur Lösung praktischer Probleme, Erreichung bestimmter Ziele und Überwindung von Hindernissen, vor die einen das Leben stellt. Sie wissen, wie ähnlich die einzelnen Situationen des Daseins einander sind, ob es sich nun

* Der chinesische Begriff *ji* hat eine enorme Bandbreite möglicher Bedeutungen: Damit kann ein kleiner Trick ebenso gemeint sein wie eine spontane List, aber auch eine exakt ausgearbeitete Strategie, um den Gegner in eine Falle zu locken.

um Krieg oder »gewöhnlichen« Wettbewerb, um Militärdienst oder Erwerbsleben handelt.

Das chinesische Denken unterscheidet nicht zwischen den Prinzipien von Philosophie, Spiritualität, Kampfkunst oder dem strategischen Geschick, in Politik und Wirtschaft den Sieg davonzutragen. Die Prinzipien, die der Heerführer in der Schlacht anwendet, sind dieselben wie jene, die den Geschäftsmann oder den Politiker zum Erfolg führen und uns im Umgang mit unseren Mitmenschen unsere Ziele erreichen lassen.

Die 36 Strategeme sind in philosophischer, psychologischer und strategischer Hinsicht von den Lehren des Taoismus inspiriert. Dies trug vermutlich dazu bei, dass Heerführer und Strategen wie Mao Zedong sich von ihnen leiten ließen – um den im Westen wohl bekanntesten Namen zu nennen.

Der Einfluss dieser Strömung des chinesischen Denkens tritt in den Grundgedanken des Werkes mehr als deutlich hervor. Als idealer Stratege gilt der, der nicht kämpft. Wenn er doch von den Umständen dazu gezwungen wird, verhält er sich wie das Wasser, das siegt, ohne zu kämpfen. Dies ist einer der wesentlichen Grundsätze des *Tao Te King**: die Strategie des Handelns, ohne zu handeln (*wei wu wei*), die ein blindes

---

* Der Taoismus brachte eine Reihe Traktate über die Kunst der Kriegsführung hervor: Zu Zeiten der Tang-Dynastie las man das *Tao Te King*, das Grundlagenwerk des Taoismus, als Handbuch des kriegerischen Denkens. Die darin enthaltenen Ratschläge fanden ihre Umsetzung nicht selten auf dem Schlachtfeld. Die Zitate aus dem Tao Te King wurden folgender Übersetzung entnommen: *Laotse, Tao Te King. Eine zeitgemäße Version für westliche Leser*, München 2003, und von der Übersetzerin leicht überarbeitet.

Losstürmen auf den Gegner ablehnt, sieht sie doch eben darin das Hindernis zur Entfaltung von Einfluss und Macht. Minimaler Krafteinsatz und Flexibilität hingegen gelten als Garanten des Erfolgs.

Einige wenige Strategeme lassen den Einfluss der Legalistenschule erkennen. Deren Begründer, Han Fei, lebte zur Zeit der Streitenden Reiche. Ihm zufolge beruht jede Regierungstätigkeit auf drei Grundpfeilern: Macht (*shi*), Gesetz (*fa*) und sozialer Stellung (*shu*). Seiner Ansicht nach wiegen das kaiserliche Interesse und die Staatsräson schwerer als die konfuzianischen Normen der Ethik.

Wann die 36 Strategeme zusammengestellt wurden, entzieht sich unserer Kenntnis. Die chinesische Literaturgeschichtsschreibung nennt weder Autoren noch Herausgeber. Nur in der *Geschichte der Südlichen Qi-Dynastie* (*Nan Qi Shu*), verfasst von Xiao Zixian (489–537 n. Chr.), heißt es am Rande: »Meister Tan nennt in seinen *Sechsunddreißig Strategemen* die Flucht als beste Strategie.« Vermutlich ist damit der General Tan Daoji der Südlichen Song-Dynastie gemeint (er starb 436 n. Chr.). Er wurde berühmt, weil er einer feindlichen Übermacht durch kluge Flucht auswich (worüber in der *Historischen Illustration der 36 Strategeme* berichtet wird). Doch ob der Text wirklich von General Tan stammt, lässt sich nicht sicher feststellen.

Möglicherweise handelt es sich dabei ohnehin nicht um das Werk eines einzelnen Autors, sondern vielmehr um eine Sammlung von Spruchweisheiten, die ihren Ursprung im facettenreichen Schatz der chinesischen Volksweisheit haben und sich während der langen kriegerischen Geschichte dieses

Landes weiterentwickelten, einer Geschichte, die von Staatsstreichen, höfischen Intrigen, Machtmissbrauch, Eroberungsfeldzügen sowie von ökonomischen und wettbewerbsorientierten Innovationen (wie dem Go-Spiel) geprägt ist. Die uns aktuell bekannte Form entstand vermutlich in der späten Ming-Zeit.

Jahrhundertelang gingen die 36 Strategeme unter Militärstrategen heimlich als Manuskript von Hand zu Hand. Erst 1941 wurde durch Zufall eine gedruckte Version aus dem Jahr 1600 auf einem Markt für antiquarische Bücher in Binzhou (Provinz Shaanxi) entdeckt. Es trug den Titel *Die sechsunddreißig Strategeme – die geheime Kunst des Krieges* und umfasste nur achtundzwanzig Seiten in einem recht kleinen Format (im Augenblick ist dies die einzige historische Quelle).

Im Jahr 1962 druckte das Archiv des Politischen Instituts der chinesischen Volksbefreiungsarmee das Büchlein und verbreitete es in hektografierter Form für den internen Gebrauch der Armee. Der chinesischen Öffentlichkeit blieb der Zugang bis zum Jahr 1979 verwehrt, drei Jahre nach dem Tod Mao Zedongs, der die Veröffentlichung verboten hatte. In diesem Jahr wurde das Werk in Peking neu gedruckt. Diese Fassung liegt allen Übertragungen in andere Sprachen zugrunde.

In Asien fand es als klassischer Text zum Thema militärischer, politischer, diplomatischer und wirtschaftlicher Strategiebildung schnell Verbreitung.

Der Originaltext der 36 Strategeme ist ausgesprochen kurz. Er umfasst nur 138 Schriftzeichen: Jedes Strategem besteht aus drei, manchmal vier Zeichen. Jedes ist als Sinnbild gedacht und ebenso formuliert. Diese extrem kondensierte Form ist typisch für die klassisch-taoistischen Werke. Was wiederum als Beleg für das Alter der Strategeme gelten kann, da sie auf diese Weise noch memoriert werden, also in einer nichtschriftlichen Kultur weitergegeben werden konnten. Außerdem sollte die hochgradig verklausulierte Form den Inhalt vor Nichteingeweihten schützen. Der tiefere Sinn dieser knappen Formeln enthüllt sich je nach Einsicht des Lesers und nach Nutzanwendung.

Der knappe Text ist von einem philosophischen Kommentar begleitet, der jedoch ebenfalls recht kurz und abstrakt ausfällt. Dieser entwickelt – in Anlehnung an die Hexagramme des Buchs der Wandlungen (*I Ging*)* – das allgemeine Prinzip des Strategems.

Das Buch der Wandlungen ist der älteste klassisch-chinesische Text, der das Denken dieses Volkes entscheidend beeinflusste. Da es zahlreiche Interpretationsebenen zulässt, wurde das Buch der Wandlungen als Orakel genutzt, aber auch als Führer zum Erfolg, als Weisheitsbuch, als Hand-

---

* Die Hexagramme des *I Ging* bestehen aus sechs unterbrochenen beziehungsweise durchgezogenen Linien, die übereinanderliegen. Sie bilden das zu interpretierende Zeichen. In ihrer Abfolge stehen die Zeichen des Buchs der Wandlungen für das kontinuierliche Zusammenspiel der beiden entgegengesetzten Prinzipien von Yin und Yang, das dem steten Wandel unterworfen ist. Es gibt 64 Hexagramme im Buch der Wandlungen. Jedes einzelne von ihnen verweist auf die restlichen 63. Der so dargestellte Kosmos ist zyklisch. Die möglichen Wechselfälle des Lebens werden zwar auf 64 Grundformen zurückgeführt, sind jedoch potenziell unendlich. Die hier vorliegenden Zitate wurden folgender Ausgabe entnommen: *I Ging. Text und Materialien*, übersetzt von R. Wilhelm, Düsseldorf 1980, und von der Übersetzerin leicht bearbeitet.

buch für Regierungs- und Kriegskunst. Die strategischen Denker Chinas beobachteten über Jahrtausende die Dynamik der Natur und ihrer Prinzipien, um sie auf jeden Aspekt des Daseins anzuwenden. Sie schulten sich an der Essenz des Buchs der Wandlungen und entdeckten denselben natürlichen Rhythmus auch in der Kunst des Krieges.

Daher ist das Buch der Wandlungen sozusagen die geheime Grundlage der 36 Strategeme: Die knappe Formel der Strategeme bringt den Gedankengang auf den Punkt, der kurze Kommentar zeigt, welche Entwicklungsmöglichkeiten darin angelegt sind.

Die im Buch der Wandlungen dargelegten Prinzipien treten in den 36 Strategemen immer wieder deutlich hervor. Sie bilden auch die Grundlage aller Kampftechniken der auf taostischen Grundsätzen beruhenden chinesischen Kampfkünste. Das traditionelle chinesische Denken geht davon aus, dass der Lebenshauch (Qi) jede Manifestation des Lebens durchdringt. Alles steht miteinander in Verbindung und beeinflusst sich gegenseitig. Alles geht auf das Wechselspiel von Yin und Yang zurück, auf die beiden gegensätzlichen Kräfte, die auf natürliche Weise zusammenwirken. Alles ist miteinander vernetzt, sodass sich aus diesem komplexen Puzzle auch nicht ein einziges Teilchen herauslösen lässt, ohne die anderen zu beeinflussen. Diese wechselseitige Abhängigkeit bestimmt die Ordnung der Welt. Yin und Yang sind die zwei gegensätzlichen Kräfte des Universums, die in allen Menschen und allen Ereignissen wirken.

Yin wird üblicherweise als die beschattete Seite eines Hügels oder das südliche Ufer des Flusses beschrieben. Erst viel später wurde ihm das weibliche Element zugeordnet (das im Hexagramm von einer durchbrochenen Linie dargestellt wird), das Mondelement, das sich in der Erde widerspiegelt, im Wind, im Wasser. Das mit Dunkelheit in Verbindung gebracht wird, mit dem Inneren, der Flexibilität, der Schwäche, der Ruhe, der Passivität. *Yang* hingegen wird in den alten Texten als die Sonnenseite eines Hügels dargestellt, als nördliches Flussufer. Später ordnete man ihm das Männliche zu (das im Hexagramm eine durchgezogene Linie bildet), das Sonnenelement, das sich im Himmel ausdrückt, im Donner, im Feuer. Das mit dem Licht in Verbindung steht, der Außenwelt, der Unbeugsamkeit, der Kraftanwendung, der Bewegung, der Aktivität.

Diese beiden Prinzipien haben einen symbolischen Ausdruck gefunden, der mittlerweile recht verbreitet ist: Sie bilden die zwei Hälften eines Kreises. Dargestellt in Schwarz und Weiß, spiegelt sich ihre innere Verbundenheit darin wider, dass im Herzen der schwarzen Hälfte ein weißer Punkt sitzt und umgekehrt. Beide Hälften sind in schwungvoller Bewegung dargestellt, was bedeutet, dass ihre Aufteilung sich ständig ändert. Daher sind Yin und Yang nur in der Theorie entgegengesetzte Kräfte. In der Wirklichkeit ist immer beides vorhanden. Was sich ändert, ist nur der jeweilige Anteil der Kraft, die nie im Reinzustand vorkommt.

Im vorliegenden Werk wurden die Strategeme mit ihren Kurzkommentaren direkt aus dem chinesischen Original übersetzt. Dieser kurzen Form haben wir dann, vom Geist des Buches ausgehend, eine Erläuterung beigegeben, welche die Anwendungsmöglichkeiten auf anderen Gebieten als nur in der reinen Kriegsführung verdeutlicht, wie in der Psychologie, in zwischenmenschlichen Beziehungen oder im Wirtschaftsleben. Dabei schien es uns angemessen, dies im Kontext unserer aktuellen Gegebenheiten und des westlichen Denkens zu tun. Die reine Übersetzung des chinesischen Originaltextes wäre für den westlichen Leser vermutlich kaum hilfreich, wenn er sich nicht gerade beruflich mit den historischen Ausprägungen chinesischen Denkens und militärischer Strategie beschäftigt.*

Diesem philosophischen Kommentar folgt ein historisches Beispiel aus der chinesischen Geschichtsschreibung. Eine konkrete militärische Auseinandersetzung wird anhand des Strategems erläutert, sodass die Essenz des strategischen Prinzips besser begreiflich wird. Mitunter verweist das genannte Strategem ohnehin wörtlich auf eine bestimmte militärische Operation, bei der es zum ersten Mal zur Anwendung kam (zum Beispiel: »Wei belagern, um Zhao zu retten«).

---

* Für die westliche Denkweise wäre eine wörtliche Übersetzung der 36 Strategeme ohne Kommentar kaum verständlich. Im Übrigen ließe sie sich schon deshalb kaum anfertigen, weil das klassische Chinesisch einen unglaublichen Bedeutungsreichtum aufweist, denn jedes einzelne Zeichen weist über seine wörtliche Bedeutung hinaus Sinnebenen auf, die auf historische, literarische und volkstümliche Überlieferungsstränge zurückgehen. Daher kann eine recht begrenzte Anzahl von Zeichen sehr komplexe Ideen ausdrücken. Der Ausländer, der zwar die Sprache beherrscht, jedoch keine Kenntnis von der chinesischen Kultur und Zivilisation hat, versteht zwar die Worte, ihm entgehen aber die zusätzlichen Bedeutungsebenen. Der extrem verkürzte, an Anspielungen reiche Stil der 36 Strategeme verschärft dieses grundsätzliche Problem noch.

Da die Chinesen praxisorientiert denken, wurden die 36 Strategeme nach ihren Anwendungsmöglichkeiten in sechs Gruppen eingeteilt.

Die erste Gruppe (Überlegenheitsstrategien) zeigt, welche Schachzüge von Nutzen sind, wenn man dem Gegner klar überlegen ist. Die zweite Gruppe (Strategien für den Gegenangriff) illustriert, wie man sich der Attacke des Gegners am besten stellt. In der dritten Gruppe (Strategien für den Erstangriff) werden Methoden dargelegt, wie man die eigene Offensive am besten plant und den Gegner überraschend trifft. In der vierten Gruppe (Strategien für den Scheinangriff) geht es darum, den Geist des Gegners zu verwirren und seine Pläne zu vereiteln, indem man seine Schwachstellen ausnutzt. Die fünfte Gruppe (Strategien für die Vorwärtsbewegung) schildert, wie man den Gegner über die eigene Truppenstärke täuscht, um ihm gewonnenes Terrain wieder abzunehmen. In der sechsten Gruppe (Strategien für den Rückzug) wird erläutert, welche Maßnahmen man am besten trifft, wenn der Gegner übermächtig ist.

Die Strategien der ersten, dritten und fünften Gruppe gehören also, da sie günstige Situationen und aktives Handeln erfordern, zur Yang-Seite. Die Strategien der zweiten, vierten und sechsten Gruppe sind in ungünstigen Situationen anzuwenden und von Passivität geprägt, was sie zum Ausdruck des Yin-Prinzips macht.

Doch diese Einteilung ist keineswegs starr.

Wie könnte es auch anders sein, stellt der Wandel aus dieser Sicht der Dinge doch ein so grundlegendes Prinzip der Wirklichkeit dar, dass er selbst als etwas Dauerhaftes erscheint.

Jahrtausendelange Praxis in der Kunst des Kampfes haben den chinesischen Strategen vor allem eines verdeutlicht: Das höchste Prinzip ist die Flexibilität.

Die Strategeme sind also keine Fixpunkte, an denen es nichts zu rütteln gibt. Sie entstammen vielmehr einem Denken, welches das Dasein als Wechselspiel von Veränderungen und Wandlungen betrachtet, als Zusammenklang von Wunsch und Notwendigkeit, Glaube und Zweifel, Vertrauen und Betrug.

Das chinesische Weltbild setzt – wie die Kampfkunst dieser Tradition – auf die Veränderung als gleichbleibendes Prinzip der Existenz.

Nur eines ist auf dieser Welt wahrhaft sicher: der Wandel. Dies ist der grundlegende Rhythmus des Kampfes, die Essenz jeder Strategie.

Und so lassen sich die 36 Strategeme auf zwei Ebenen lesen: Da ist zum einen die offensichtliche Lesart, die uns sagt, wie wir unseren Willen dem Gegner gegenüber durchsetzen. Die tiefere Sinnebene jedoch betrifft die Frage, wie wir uns selbst überwinden können.

Sie halten hier ein Praxisbuch in Händen, dessen Grundsätze nach Anwendung verlangen. Mit Hilfe dieses Buches können wir nicht nur die Welt beeinflussen, sondern auch uns selbst beherrschen. Wir können – wie es so schön heißt – eine chaotische Welt ordnen oder eine geordnete Welt ins Chaos stürzen. Dabei sollten wir nicht vergessen, dass wir erst uns selbst bemeistern müssen, bevor wir die Welt meistern können. In diesem Sinne verstanden, sind die Strategeme ein exzellenter strategischer Leitfaden.

Doch dazu reicht es nicht aus, dieses Buch nur zu lesen oder zu studieren. Es genügt nicht, die Strategeme auswendig zu lernen oder ihre Aussagen wörtlich umzusetzen. Wir müssen uns die Prinzipien quasi »einverleiben«, um ihren Geist zu verstehen. Andernfalls werden wir den Weg (*Tao*) der Strategie nicht gehen können. Damit eine Strategie tatsächlich aus dem Herzen kommen kann, müssen wir uns tief in die Strategeme hineinversenken. Wir müssen sie Tag für Tag anwenden und dürfen dabei nicht nachlassen, nur so können wir das Verhaltensmodell, das sie uns vorgeben, langsam und voller Freude in uns einsickern lassen. Die Strategeme zeigen uns, wie wir über unser eigenes »Ich« triumphieren können. Auf diese Weise gelingt es uns, im Geist des Kriegers zu leben, der sich von den Herausforderungen des Daseins nicht aus der Ruhe bringen lässt.

Und so wünsche ich allen Lesern, dass sie sich von der Kraft und Weisheit der 36 Strategeme zutiefst berühren lassen, damit sie diese in den Kämpfen des Alltags einsetzen können. Diese erleuchtete Erfahrung, die aus dem Leben kommt und für das Leben gedacht ist, können wir nutzen, um jene Selbstbeherrschung, jenes innere Gleichgewicht zu erlangen, das wir brauchen, um in unserer Zeit siegreich aus dem Kampf des Lebens hervorzugehen.

Prolog

Sechs mal sechs macht sechsunddreißig.
Die Strategeme sind nach Zahlen angeordnet.
Die Zahlen spiegeln sich in den Strategemen wider.
Am Beginn aller Dinge sind die Gegensätze
(Yin und Yang) in Harmonie.
In dieser Harmonie liegt schon der Wandel
begründet.
Der Wandel der Dinge lässt sich nicht aufhalten.
Würde man ihn zur Regel machen, wäre das Ziel
verfehlt.

Erläuterung
Die Meister, die im Tao wohnen, gehen allen Wesen
mit gutem Beispiel voran.
Weil sie sich nicht zeigen, können alle ihr Licht sehen.
Tao Te King, XXII

Die 36 Strategeme entstanden vor dem Hintergrund der uralten Philosophie des Ineinanderfallens der Gegensätze (Yin und Yang), wie sie im Buch der Wandlungen dargelegt wird. Dieses Prinzip beherrscht das chinesische Denken und durchdringt alle Lebensbereiche.

Was die Kriegskunst angeht, steht die Nummer 6, Yin, für Heimlichkeit, List, die Leere, das Komplott, das geheime Manöver. Alle heimlich geplanten strategischen Operationen werden also dem Bereich des Yin zugewiesen.

Im Buch der Wandlungen wird Yin vom Hexagramm »Erde« repräsentiert, das sich aus sechs durchbrochenen Linien zusammensetzt. Multiplizieren wir die Anzahl der Striche mit der dem Yin zugewiesenen 6, erhalten wir die Zahl 36, die Anzahl der Strategeme. Diese Zahl steht symbolisch für die Gesamtheit aller möglichen strategischen Situationen. In diesem Sinne lassen die Strategeme sich auf alle erdenklichen Situationen anwenden, weil sie die Vielfalt an Handlungsmöglichkeiten in sich tragen.

Nichts ist unwandelbar. Auch die Strategeme nicht. Wir sollten nicht nach einer fertigen Musterlösung suchen, die wir jeder Situation nur noch überstülpen müssen! Dann nämlich kann es uns passieren, dass eine Taktik, die uns eben noch zum Sieg verholfen hat, in eine Niederlage führt.

Jahrtausende der Erfahrung haben die chinesischen Feldherren gelehrt, dass das wichtigste strategische Prinzip die Flexibilität ist. Genauer gesagt: Die oberste Regel bei der Anwendung der Strategeme lautet, dass es keine festen Regeln gibt!

Starrsinn und Engstirnigkeit sollten von Anfang an aus unserem strategischen Inventar verbannt werden, wenn wir Erfolg haben wollen. Wir müssen uns mit geeigneten Maßnahmen und Gegenmaßnahmen an die jeweilige Situation anpassen und dürfen auch nicht davor zurückschrecken, unsere Taktik gegebenenfalls völlig umzustellen. Es gibt kein fixes Drehbuch, denn wir müssen reaktionsfähig bleiben, uns spontan an die jeweilige Situation anpassen, statt wie ein Automat ein bestimmtes Programm abzuspielen.

Wandelbarkeit, das Nichtvorhandensein einer festen Form, Veränderlichkeit – das sind die Hauptingredienzen der 36 Strategeme. In einer Wirklichkeit, die stetem Wandel unterworfen ist, in der Yin und Yang sich ständig neu zueinander ordnen, sind diese Tugenden unverzichtbar. Die Kraft der Gegensätze stärkt sich wechselseitig ohne Unterlass.

Eines der wichtigsten Prinzipien im Buch der Wandlung zeigt sich im grandiosen Zusammenspiel der Prinzipien von Leere (*xu*) und Fülle (*shi*) auf materieller wie psychischer Ebene.* Dieses Prinzip zeigt sehr schön die wechselseitige Vernetztheit von Yin und Yang, den Übergang von einem Pol zum anderen.

Unter bestimmten Umständen (die manchmal unvermeidlich, manchmal aber auch planbar sind) schlägt das eine ins andere um: Der Schwache kann den Starken besiegen, das Kleine das Große überwinden, der Feind kann zum Freund werden, die Illusion kann die Wirklichkeit verschleiern und so weiter und so fort.

---

* In der Schlacht drückt sich die grundsätzliche Opposition von Yin und Yang aus im Gegensatzpaar von *xu* (leer, Illusion, Feigheit, Verteidigung, Schwäche, Unordnung, Hunger, Müdigkeit, zahlenmäßige Unterlegenheit, mangelnde Vorbereitung, Unbeweglichkeit, Gast) und *shi* (voll, Wirklichkeit, Mut, Kraft, Ordnung, Sattheit, Leichtigkeit, zahlenmäßige Überlegenheit, erfolgte Vorbereitung, Überraschung, Hausherr).

Diese innere Haltung, die zutiefst taoistisch ist, begegnet uns im gesamten Buch.

Wie das Wasser, das sich jeder Biegung, jeder Kehre anpasst, wenn es seinen Weg sucht, so strebt auch der Stratege dem Sieg entgegen. Er ist wie das Wasser, jenes Element, das siegt, ohne zu kämpfen. Das Wasserelement ist es also, das uns das Thema vorgibt, das vollkommene Sinnbild der Anpassungsfähigkeit, an welche Situation auch immer.

Schon Laotse, der legendäre Patriarch des Taoismus, beobachtete das Wasser und erkannte dessen Kraft. Konnte es nicht Felsen aushöhlen und gewaltige Hindernisse wegspülen? Wie das Wasser nutzt der geschickte Stratege die Umstände, statt sie zu bekämpfen. Er wendet die Strategeme flexibel an. Er kombiniert sie und passt sie den Gegebenheiten an. Er erzielt ein Maximum an Wirkung durch ein Minimum an Aufwand (worin sich einmal mehr zeigt, wie sich das grundlegende Prinzip des *wei wu wei* anwenden lässt).

So eröffnet der Text jedem, der sich auf einem wie auch immer gearteten Schlachtfeld wiederfindet, eine Vielzahl möglicher Strategien, die alle auf dem Prinzip der flexiblen Reaktion beruhen, der einzigen Waffe, mit der wir einer Realität begegnen können, die tatsächlich in ständiger Veränderung begriffen ist.

Die Strategeme lassen sich nicht nach dem Buchstaben anwenden. Sie gehorchen keiner fixen Theorie. Außerdem neigt das chinesische Denken ohnehin dazu, die Welt nicht durch eine Unterteilung in Kategorien zu klassifizieren, sondern lieber Verbindungen zu schaffen. Anders als die taktischen Prinzipien des Westens erwachsen die Strategeme aus einer Kultur, in der die vage Andeutung mehr zählt als die Konzentration auf Kimme und Korn. Daher beschreiben sie auch das zugrunde liegende Prinzip in seiner allgemeinen Ausprägung, ohne allzu sehr ins Detail zu gehen. Sie sind gleichsam Stimuli, die uns auffordern, unsere Wahrnehmung der Situation zu weiten.

Jemand meinte einmal, dass die »Meister der Strategie« (die chinesischen und japanischen Meister der Kampfkünste) aus einem einzigen Strategem zehntausend ableiten. Dies ist ein schönes Bild, das vor allem eines ausdrücken soll: dass die 36 Strategeme wie Spiegel sind, die sich gegenüber stehen, sodass ihr Bild sich ins Unendliche multipliziert.

Die Grundprinzipien des Buches sollten vom Leser gründlich durchdacht werden. Hat er sie geistig durchdrungen, kann er die strategischen Empfehlungen auf seine spezielle Situation anwenden und dabei seine persönlichen Erfahrungen und Neigungen einfließen lassen. Jedes Strategem muss so verändert werden, dass es alle Facetten der Situation und alle Eigenheiten der Beteiligten berücksichtigt.

Vielleicht ist es diese grundlegende Eigenheit des Textes, welche die 36 Strategeme über die Jahrtausende nicht in Vergessenheit geraten ließen. Auf diese Weise leisten sie auch heute noch all jenen gute Dienste, die sich von ihnen angesprochen fühlen.

Überlegenheitsstrategien

三十六計

瞞天過海

Strategem 1

Das Meer durchqueren, um den Himmel zu täuschen

Kommentar

Wer Regeln für jeden Einzelfall aufstellt,
dessen Wille wird träge.
Was sich offen unter aller Augen befindet,
ruft keinen Verdacht hervor.
Geheime [Maßnahmen] (yin) verbirgt man am besten unter dem Licht des Tages (yang).
Unter der gleißenden Mittagssonne lässt sich alles verbergen.

Erläuterung

Was vertraut ist, zieht keine Aufmerksamkeit auf sich.

Chinesisches Sprichwort

Das Offensichtliche bleibt verborgen, eben weil es sich Tag für Tag vor den Augen aller abspielt. So kann man das Strategem zusammenfassen, das an die Geschichte um den klugen General Xue Rengui erinnert. Seine List brachte den Sohn des Himmels, Kaiser Gaozong (649–683), gegen seinen Willen dazu, das Gelbe Meer zu überqueren, ohne dass er es im Geringsten bemerkte, weil er sich die ganze Zeit in einer riesigen schwimmenden Stadt aufhielt.

Je besser eine Handlung oder Haltung sich unter dem Mantel der Gewohnheit verbergen lässt, desto weniger Aufmerksamkeit zieht sie auf Seiten des Gegners auf sich. Der kluge Stratege erzeugt einen Anschein von Alltäglichkeit, sodass keinerlei Verdacht aufkommt. Dann kann er unter den Augen des Gegners tun und lassen, was er will, und so seine Ziele erreichen.

Daher gedeiht jeder geheime Plan am besten im hellen Licht des Tages und nicht im Schutz der Dunkelheit.

Wer sich auf die Psychologie des Krieges versteht, gibt sich so, als könne er kein Wässerchen trüben, und verhält sich ganz ruhig. Diese innere Haltung teilt sich dem Gegner mit, der dadurch in Sicherheit gewiegt wird. Seine Wachsamkeit lässt nach. Diesen Augenblick nutzt der gewiefte Stratege zum Angriff, der entschlossen und schnell geführt werden muss. Auf diese Weise überrascht man den Gegner, der sich in Sicherheit wähnte, vollkommen.

Dieses Strategem macht sich die menschliche Eigenart zunutze, dass man dem, was vertraut scheint, wenig Aufmerksamkeit schenkt. Deshalb verbirgt sich das Offensichtliche am besten unter dem hellen Schein des Tageslichts.

Dieses Verhalten wird in der Psychologie als »Desensibilisierung« bezeichnet: Je häufiger man einem Stimulus ausgesetzt ist, desto weniger sensibel reagiert man darauf. Auch die Kommunikationswissenschaft kennt dieses Phänomen: Man bezeichnet es als »Hyperinformation«. Je häufiger eine Botschaft wiederholt wird, desto stärker gewöhnt sich der Adressat daran und desto weniger Interesse erweckt sie bei ihm.

Es ist also möglich, etwas zu verbergen, indem man es offen darlegt.

Die Essenz dieses Strategems ist vom Taoismus inspiriert und verweist auf das Zusammenspiel von Yin und Yang, hier ausgedrückt als Gegensatz zwischen verborgen und offen, Gleichmäßigkeit und Unregelmäßigkeit, Gewohnheit und Überraschung. Tatsächlich lässt sich der chinesische Ursprungstext auch anders übersetzen: »Yin (Schatten) lebt im Yang (Licht), es ist Yang (Licht) nicht entgegengesetzt. Wo Yang (Licht) am stärksten ist, ist auch Yin (Schatten) am stärksten.« Wenn also im Schatten Licht wohnt und das Licht dem Schatten keineswegs entgegengesetzt ist, dann besteht die Aufgabe des Strategen, der dem Weg des Tao folgt, darin, den Anschein zu nutzen, um die Aufmerksamkeit des Gegners von den Tatsachen abzulenken. Er handelt nicht im Verborgenen, nicht im Schatten: Dies würde nur Verdacht erregen, da man allgemein erwartet, dass strategische Pläne im Geheimen geschmiedet werden. Wenn er hingegen im vollen Licht des Tages agiert, unter den Augen aller, verbirgt er seine wahre Absicht unter dem Gewand der Gewohnheit. Dann wird dem Gegner die sich entspinnende Intrige gar nicht erst bewusst, weil sie sich sozusagen im Schoß der alltäglichen Ereignisse entwickelt.

Was die Geschichte lehrt

Während der Epoche der Südlichen und Nördlichen Dynastien wurde Chen Shubao, der letzte Herrscher des Staates Chen, zum Opfer dieses Strategems. Völlig desinteressiert an jeder Form von Regierungsgeschäften, zog er sich in einen ästhetischen Elfenbeinturm zurück und genoss das höfische Leben zwischen Kunst, Konkubinen und literarischen Vergnügungen.

Währenddessen eroberte Yang Jian, der Begründer der Sui-Dynastie, alle nördlichen Reiche. Dann hielt er die Zeit für gekommen, die Grenzen seines Herrschaftsgebietes auch auf die Gebiete südlich des Yangzi-Flusses auszudehnen und den Staat Chen zu annektieren. Also befahl er seinem General, He Nuobi, seine Truppen über den Fluss zu führen, um Chen zu besetzen.

Als geschickter Stratege wollte He Nuobi nicht sofort angreifen. Stattdessen ließ er seine Truppen am Nordufer des Yangzi Lager beziehen und hielt dort umfangreiche Manöver ab.

Dies versetzte Chen Shubao in Alarmbereitschaft. Sofort schickte er sein Heer ans südliche Flussufer, hochgerüstet für die scheinbar unmittelbar bevorstehende Schlacht. Doch der Gegner am Nordufer tat über einen Monat lang nichts anderes, als einfache Manöver durchzuführen.

Nichts, aber auch gar nichts deutete auf eine etwa drohende Schlacht hin.

Der Kommandant des Heeres von Chen, der auf der anderen Flussseite Tag für Tag dieselben Manöver beobachten konnte, war sich am Ende sicher, dass es sich dabei um Routineübungen handelte. Die gespannte Wachsamkeit im Heer ließ nach. Immer mehr breitete sich die Überzeugung aus, das Sui-Heer führe gar keine Feindseligkeiten im Sinn. Der Kommandant von Chen hob die Alarmbereitschaft auf.

Damit hatte er das Signal für den nun folgenden Blitzangriff gegeben.

Als die Wachposten des Chen-Heeres dem Gegner auf der anderen Seite des Flusses längst keine Aufmerksamkeit mehr schenkten, ließ General He Nuobi seine Leute im Schutz der Nacht übersetzen. Im Morgengrauen griffen sie an, was die Soldaten von Chen vollkommen unvorbereitet traf. Nachdem sie das Heer besiegt hatten, drangen die Sui-Truppen in die Hauptstadt von Chen ein und nahmen sie nahezu ohne Einsatz von Gewalt ein. Das Strategem »Das Meer durchqueren, um den Himmel zu täuschen« war bestens aufgegangen und besiegelte das Ende einer langen Periode, in der China zweigeteilt war.

圍魏救趙

Strategem II 2

Wei belagern, um Zhao zu retten

Kommentar
Den Feind entzweien, statt ihn zu einen.
Lass den Feind den ersten Streich führen,
nicht umgekehrt.

Erläuterung
Nichts auf der Welt ist weich und nachgiebig
wie Wasser.
Doch zum Auflösen des Harten und
Unbeweglichen ist nichts besser geeignet.
Das Weiche überwindet das Harte;
das Sanfte überwindet das Starre.

Tao Te King, LXXVIII

Wenn der Gegner angreift, ist es häufig nicht sinnvoll, ihm direkt gegenüberzutreten, vor allem nicht, wenn er gut aufgestellt ist. Dies könnte sich als verhängnisvoll erweisen. In diesem Fall sollten wir versuchen, die Strategie des Gegners zu unterlaufen, ihn dazu zu bringen, seine Kräfte aufzusplittern, ihn mit Überraschungstaktiken aus dem Konzept zu bringen oder ihn dort, wo er es nicht erwartet, anzugreifen. Auf diese Weise zwingen wir ihn, von seinem Angriffsplan abzuweichen, um sich auf die Bedrohung einzustellen. An diesem Punkt ist er uns in die Falle gegangen und unser Geschick wendet sich – vom Nachteil zum Vorteil. Diese Methode lässt sich natürlich nicht nur auf dem Schlachtfeld anwenden.

In der Zusammenfassung des Strategems klingt die alte taoistische Idee von der Kraft des fließenden Wassers an. Die Chinesen schätzen das Wasser von jeher, ist es doch die bescheidenste Kraft im Universum und dennoch die stärkste. Im Kampf steht das Wasser für die Flexibilität, die sich in der Reaktion auf den Gegner zeigt, indem man siegt, ohne zu kämpfen.

Mächtige Heerführer wie Mao Zedong, der die 36 Strategeme ebenfalls gründlich studierte, nutzten die taoistische Strategie des Wassers auch bei ihren Feldzügen: Das Wasser füllt den leeren Raum, es ist anpassungsfähig, aber nicht passiv. Es umfließt Hindernisse, die sich ihm in den Weg stellen, gleicht sich aber, ohne zu zögern, dem Terrain an.

Sich dem machtvollen Ansturm des Gegners entgegenwerfen zu wollen, gliche dem Versuch, einen ungestüm tosenden Fluss zu kanalisieren. Bei einem direkten Aufeinanderprall würden wir vermutlich den Kürzeren ziehen. Daher sollten wir besser versuchen, den Lauf des Wassers zu ändern und es in zahllose kleine Rinnsale zu teilen. Auf diese Weise wird die Kraft des Flusses enorm geschwächt. Erst dann lässt sich ein Damm errichten, um das Wasser aufzuhalten.

Dieses Strategem bringt ebenfalls die Beziehung zwischen Yin und Yang ins Spiel (leer – voll, direkt – indirekt, kompakt – aufgeteilt) und lehrt uns, unser Augenmerk auf die Schwachpunkte eines gut gerüsteten Gegners zu lenken. Wenn wir uns auf die Bereiche konzentrieren, wo er weniger gut gerüstet ist, öffnet sich eine Bresche in seiner kompakten Formation, die uns erlaubt, seine Kräfte zu zersplittern. Wir lassen ihn in eine Art Vakuum laufen, in dem seine Energie sich abschwächt. Dies ist ein sehr bekanntes Prinzip der chinesischen Kampfkunst: Man sollte nie selbst angreifen, sondern die Attacke des Gegners abwarten, um dann dessen Kraft gegen ihn selbst zu richten. Provoziert man den Gegner zum Erstschlag, muss er seine Pläne, seine Kenntnisse, seine Fähigkeiten und Ressourcen offenlegen. Auf unserer Seite aber bleibt all das verborgen.

Wenn wir dem Gegner auf diese Weise begegnen, können wir seine verschiedenen Schachzüge vorhersehen und ihn so besiegen.

Mao Zedong selbst wandte dieses Prinzip auf dem Langen Marsch an, der ihn auf den Gipfel der Macht führen sollte. Als die Truppen der Guomindang (Chinesische Nationalpartei) unter General Jiang Jieshi (Chiang Kai-shek) den kommunistischen Truppen entgegenzogen, schickte

Mao seine Truppen dorthin, wo sie niemand erwartete, nämlich mitten in die Reihen der Guomindang. Auf diese Weise erzielte er letztlich den Sieg.

Was die Geschichte lehrt

Dieses Strategem hat seinen Ursprung in der schwierigen Zeit der Streitenden Reiche. 330 v. Chr. befahl der König von Wei seinem General Pang Juan, das kleine Zhao anzugreifen.

Etwa ein Jahr lang fanden blutige Kämpfe statt. In dieser Zeit schlossen die Truppen aus Wei die Hauptstadt von Zhao ein. Schließlich waren beide Gegner am Ende ihrer Kräfte, geschwächt und ausgelaugt, doch die Soldaten aus Wei wollten nicht aufgeben und setzten die Hauptstadt weiter unter Druck. Sie hatten sich auf eine lange Belagerung eingerichtet. Um sich gegen Angriffe seitens der Verbündeten Zhaos zu schützen, hatten sie rund um ihre Bastion Schützengräben ausgehoben.

Der König von Zhao aber hatte einen sehr schnellen Läufer. Diesen entsandte er in das mächtige Feudalreich Qi, das ein Verbündeter Zhaos war. Der Herrscher von Qi schickte achtzigtausend Soldaten aus. Seine Heerführer waren General Tian Ji und der Ratgeber des Herrschers, Sun Bin, ein Meister militärischer Taktik, der die *Kunst des Krieges* kannte, das unsterbliche Werk Sunzis.

Tian Ji hätte das Heer von Wei am liebsten direkt angegriffen, um Zhao sofortige Hilfe zu bringen, doch wurde die Hauptstadt von Zhao von so vielen Kriegern belagert, dass ein Kampf Mann gegen Mann viel Blutvergießen auf beiden Seiten bedeutet hätte. Daher bat Tian Ji den weisen Sun Bin um Rat.

»Den Belagerungsring um Zhao zu durchbrechen, ist ebenso schwierig, wie ein Wollknäuel zu entwirren. Wenn wir die Truppen direkt angreifen lassen, wäre dies, als wollten wir das Knäuel mit geschlossener Faust entwirren. Der Erfolg eines derartigen Vorgehens ist mehr als fraglich. Sich zwischen zwei zu allem entschlossene Gegner zu stellen, um deren Streit zu schlichten, wäre unklug. Um also die Belagerung aufzuheben, müssen wir *dem Vollen aus dem Weg gehen*, dem Knäuel, dem Gelände, das von den beiden Kontrahenten besetzt ist. Wir müssen vielmehr *im leeren Raum angreifen*, in dem Raum, den der Gegner frei lässt. Statt uns mitten ins Gewühl zu stürzen, sollten wir, um den Sieg zu erringen, den schwächsten Punkt suchen und dort angreifen. Wir attackieren also einen Punkt, wo die Gegner getrennt sind.

Die Soldaten von Wei sind fern der Heimat, da sie Zhao belagern. Die in den heimatlichen Garnisonen verbliebenen Soldaten sind nur wenige. Wei ist also verwundbar. Wenn wir einen Angriff auf die Hauptstadt von Wei starten, ist das Heer von Pang Juan zum eiligen Rückzug gezwungen. Die Truppen werden ihrem Land zu Hilfe eilen. Damit aber findet die Belagerung von Zhao von selbst ein Ende. Auf dem Rückweg müssen sie den Pass von Guiling überschreiten, dort legen wir einen Hinterhalt. Dann wird der Sieg unser sein.«

Dies war der Rat eines großen Strategen – der einzigen Spezies, die den Wert von Ablenkungsmanövern noch zu kennen scheint.

Tian Ji setzte diese brillante Strategie wie vorgeschlagen um und griff Daliang an, die Hauptstadt des Reiches Wei.

Als ein Bote General Pang Juan über diesen Angriff unterrichtete, gab dieser – vollkommen überrascht – seinen Truppen den Befehl zum sofortigen Rückzug. Er musste schleunigst zurück in die Heimat: Wei musste verteidigt werden. Daher trieb der General auf dem Rückweg die Truppen zu höchster Eile an. Das Heer von Zhao, das um die List Sun Bins wusste, mobilisierte all seine Kräfte und machte sich an die Verfolgung des Gegners. Die Soldaten von Wei waren somit zur Gänze damit beschäftigt, ihren Verfolgern zu entkommen, und ließen jede weitere Vorsicht außer Acht. So gerieten sie in den Hinterhalt. In Auflösung begriffen und von einem Marsch erschöpft, der mehrere Tage in Anspruch genommen hatte, gerieten sie zwischen zwei Fronten. Nun war es ein Kinderspiel, dem Heer von Wei den Todesstoß zu versetzen.

Die Truppen von Wei wurden ausgelöscht. General Pang Juan konnte dem Gemetzel entfliehen und überlebte. Zwölf Jahre später standen Sun Bin und Pang Juan sich wieder als Gegner auf einem Schlachtfeld gegenüber. Diese Schlacht sollte die entscheidende werden (siehe dazu Strategem IV, »Ausgeruht den ermüdeten Gegner erwarten«).

Doch für den Moment hatte Sun Bins geniales Strategem »Wei belagern, um Zhao zu retten« hervorragende Dienste geleistet.

借刀殺人

Strategem III 3

Mit geborgtem Schwert töten

Kommentar

[Wenn] der Gegner feststeht, der Verbündete aber noch nicht,
bring den Verbündeten dazu, den Gegner zu töten, ohne die eigenen Kräfte einzusetzen.
Dies geht aus dem Hexagramm »Die Minderung« [im Buch der Wandlungen] hervor.

Erläuterung

Wenn du etwas tun willst, lass es deinen Gegner für dich tun.

Alte chinesische Kriegslist

Dieses Strategem beruht auf einem berühmten taoistischen Grundsatz der Kampfkünste: die Kräfte des Gegners gegen ihn selbst zurückzuwenden.

Der kluge Stratege lässt sich nicht blindlings auf jeden Kampf ein: Er weiß, dass dies nur mit Gefahren und Unsicherheiten verbunden ist und dass er möglicherweise sogar eine Niederlage riskiert. Also reagiert er erst einmal nicht, bewahrt seine Kräfte und wartet ab. Er passt sich den Umständen an und lässt den Gegner den ersten Schritt tun, damit dieser sich selbst schlägt! Oder er betritt die Arena erst gar nicht, sondern »leiht« sich gleichsam die wirtschaftlichen, militärischen und intellektuellen Ressourcen eines Dritten (der sowohl Verbündeter des Gegners als auch eine Person seines Vertrauens sein kann) und setzt diese zum eigenen Vorteil ein. Auf diese Weise verwirklicht der geschickte Stratege durch die Hand des Gegners jene Ziele, die er alleine nicht realisieren könnte.

Bei diesem Strategem geht es um die Kunst, sich all das zu »leihen«, was auch dem Gegner helfen könnte, und so seine Ressourcen auszuhöhlen. Natürlich lässt sich dieses Prinzip nicht nur auf dem Schlachtfeld sinnvoll einsetzen, sondern überall dort, wo man Feindseligkeiten ausgesetzt ist. Je gründlicher wir dieses Prinzip studieren, desto leichter werden wir es bei den verschiedensten Gelegenheiten anwenden können.

Es ist durchaus möglich, sich mehrere »Schwerter« von seinem Gegner auszuleihen: seine Kraft, durch die er sich selbst außer Gefecht setzen soll; seine Strategie, damit sie ins Leere läuft und zu unserem Vorteil umgemünzt wird;

seine Verbündeten oder seine unmittelbare Umgebung, um ihn in ein schiefes Licht zu rücken und innere Zwietracht zu säen.

Das Strategem ist inspiriert vom Hexagramm 41 im Buch der Wandlungen: der Minderung. Das zugehörige Bild ist: »Unten am Berg ist der See: das Bild der Minderung. So bändigt der Edle seinen Zorn und hemmt seine Triebe.« Vor dem Hintergrund unseres Strategems lässt sich dies so deuten, dass der kluge Stratege (der »Edle«) aus einer Stellung der Kraft heraus (»dem Berg«) auf seinen Gegner (»den See«) einwirkt, indem er sich selbst kontrolliert. Sein inneres Gleichgewicht sorgt dafür, dass weder die Wogen der Wut noch der Stachel des Begehrens ihn aus dem Takt bringen. Ganz im Gegenteil: Ein impulsiver, ungestümer Heerführer, getrieben von der Gier nach Eroberung, unternimmt einen Frontalangriff – mit all den Gefahren und Unwägbarkeiten, die dieser mit sich bringt.

Die »Minderung« der eigenen Impulse ist charakteristisch für das Handeln des Strategen. Mit ruhigem, nicht aber trägem Geist schätzt er die Situation ein und passt sich ihr an, sodass er sie zu seinem Vorteil nutzen kann und so wenig Kraft wie möglich aufwendet und nur so viel Risiko wie nötig eingeht.

Dieser Ratschlag ist also auch psychologisch sinnvoll.

Was die Geschichte lehrt

In der Zeit der Frühlings- und Herbstepoche richtete der Herzog von Zheng, den es nach neuen Eroberungen dürstete, seinen Blick auf das Reich Kuai. Seine Spione arbeiteten gut, und so lag ihm nach kurzer Zeit schon eine Liste der loyalsten Beamten, der Militär- und Regierungsberater sowie der geschicktesten und tapfersten Generäle in Kuai vor.

Mit dieser Liste in Händen trat er vor seine Armee und erklärte öffentlich, er werde, sobald er Kuai unterworfen habe, all diese Leute mit hohen Bezügen, ausgedehnten Landgütern und Adelstiteln belohnen. Anschließend begab er sich in einen Tempel vor der Stadt und bekräftigte sein Versprechen dort mit einem feierlichen Eid. Sodann ließ er die Liste unter dem Tempelboden vergraben. Tags darauf führte er eine Opferzeremonie durch, bei der er sein Versprechen an die Würdenträger des Staates Kuai durch Tieropfer besiegelte.

Da er in einer Zeit des Verrats und des Mitläufertums lebte, ging der Herzog von Zheng davon aus, dass sich unter seinen Soldaten ebenfalls feindliche Spione befänden. Und so dauerte es nicht lange, bis die Nachricht von den Plänen des Herzogs dem Fürsten von Kuai zu Ohren kam.

Der Fürst glaubte seinen Berichterstattern, und die Tatsache, dass Menschen, denen er so viel Vertrauen geschenkt hatte, scheinbar mit dem Feind gemeinsame Sache machten, beunruhigte ihn zutiefst. Diese Sorge schlug bald in regelrechten Verfolgungswahn um, schließlich aber in ungezügelte Wut. Der Fürst ließ alle Generäle, Ratgeber und Beamten des Hofes in Ketten legen. Tags darauf wurde ihnen unter Anklage des Hochverrats der Prozess gemacht und alle angeblichen »Verräter« hingerichtet.

Der Herzog von Zheng sah dem Treiben im Nachbarstaat bis zu diesem Augenblick ruhig zu. Doch sobald er die Nachricht von der Exekution erhielt, machte er mobil und marschierte in Kuai ein, ohne auf nennenswerten Widerstand zu stoßen.

Hatte der eigene Herrscher doch all jene hingerichtet, die eine Gegenwehr hätten organisieren können!

Da das Reich Kuai nun all derer beraubt war, die die Staatsgeschäfte hätten führen können, ergab es sich dem Feind.

Auf diese Weise war die Strategie des Tötens mit geborgtem Schwert meisterlich gelungen.

以逸待勞

Strategem IV

4

Ausgeruht den ermüdeten Gegner erwarten

Kommentar
Ohne selbst zu kämpfen, unterwirf den Feind aufreibenden Manövern.
[Das Buch der Wandlungen sagt:]
»Die Kraft nimmt ab, die Schwäche zu.«

Erläuterung
Im Allgemeinen ist der im Vorteil, der als Erster auf dem Schlachtfeld ist und dort den Gegner erwartet; wer danach eintrifft und sich zur Schlacht rüsten muss, ist erschöpft.
Wer die Kunst des Krieges beherrscht, lenkt den Gegner, statt sich selbst lenken zu lassen.

Sunzi

Diese Strategie wird zum ersten Mal in der *Kunst des Krieges* von Sunzi erwähnt, wo sie unter der Rubrik »Leere und Fülle« (Schwache und starke Punkte) verzeichnet ist. Auch hier zeigt sich einmal mehr die Bedeutung der indirekten Kriegsführung und des Prinzips des Handelns, ohne zu handeln (*wei wu wei*): Mit wenig Aufwand viel erreichen. In der militärischen Taktik bedeutet dies, den Gegner aufzureiben. Sobald der Gegner erschöpft und verwirrt ist, kann man ihn vergleichsweise gefahrlos angreifen, wenn man Mut und Entschlossenheit an den Tag legt.

So ist es von extremer Wichtigkeit, Ort und Zeit der Schlacht richtig zu wählen. Der Rat, den Gegner »ausgeruht zu erwarten«, besagt, dass man möglichst als Erster auf dem Schlachtfeld ankommen sollte: Dort kann man dann im Bewusstsein der eigenen Stärke den »ermüdeten Gegner« erwarten. Ausgeruht überblicken wir die Situation besser und können Zeit und Umstände unseres Angriffs besser einschätzen. Auf diese Weise diktieren wir die Bedingungen.

An diesem Punkt setzen unsere Kräfte, die bislang gering und leicht zu überwältigen schienen, gleichsam zum Sprung an. Auch hier zeigt sich die Verbundenheit von Yin und Yang, wie sie das Buch der Wandlungen im Hexagramm 41, »Die Minderung«, andeutet. Die Dinge sind austauschbar: Was schwach erscheint, ist in Wirklichkeit stark, was leicht zu überwältigen scheint, ist in Wahrheit unbesiegbar.

Lehrt uns das nicht auch die Natur? Ist es nicht so, dass der schwache Bambusstab, von Sturmwinden und Regen gepeitscht, sich beugt, aber nicht bricht, die starke Eiche aber entwurzelt wird?

»Ausgeruht erwarten« – das bedeutet auch, dass wir den Feind durch List und Tücke dazu bringen, nach uns zu suchen und dabei seine Kräfte zu verschleißen, während wir in unserer Position verharren und unsere Kräfte für die Schlacht schonen. Der nach langem Marsch ermattete Gegner ist dann mehr oder weniger Löwenfutter.

Dies lässt sich auch als psychologische Strategie anwenden, die die Moral des Gegners zermürbt.

Mao Zedong, der das vierte Strategem geschickt einzusetzen wusste und auch das Werk Sunzis gut kannte, war ein Meister in der Kunst, den Gegner zu erschöpfen. Er fasste diese Taktik in einem Lehrsatz zusammen, der aus sechzehn Schriftzeichen besteht:

»Der Gegner greift an, wir ziehen uns zurück. Der Gegner sucht Ruhe, wir sticheln ihn. Der Gegner ist erschöpft, wir greifen an. Er zieht sich zurück, wir setzen nach.«

Dies war eine seiner Guerillataktiken im Kampf mit Jiang Jieshi (Chiang Kai-shek). Was Maos Rote Armee an Truppenstärke und Waffentechnik nicht aufbringen konnte, machte sie durch Flexibilität und Schläue wett: Als das feindliche Heer einmal bis ins Innerste der strategischen Basis der Roten Armee vorgedrungen war, ließ man den Feind so lange durch unbekanntes Gelände marschieren, bis er am Ende seiner körperlichen und seelischen Kräfte war. An diesem Punkt wendete sich das Blatt, und Mao führte eine schon verloren geglaubte Schlacht zum Sieg.

Was die Geschichte lehrt

Der Rat, den »ermüdeten Gegner ausgeruht zu erwarten«, fand zwölf Jahre nach der erfolgreichen Anwendung des Lehrsatzes »Wei belagern, um Zhao zu retten« eine glanzvolle Umsetzung. Und wieder haben wir es mit denselben historischen Gestalten zu tun: dem Meister der Strategie Sun Bin, dem General des Qi-Reiches Tian Ji und dem hitzköpfigen General von Wei, Pang Juan.

Die im Folgenden erzählten Ereignisse spielten sich im Jahr 342 v. Chr. ab.

Das Reich Wei hatte sich von der vernichtenden Niederlage erholt und seine expansionistischen Bestrebungen wieder aufgenommen. Dieses Mal richteten sich die Gelüste auf den angrenzenden Kleinstaat Han, der sich um Hilfe an das mit ihm verbündete Reich Qi wandte.

Also marschierten General Tian Ji und Sun Bin an der Spitze einer großen Armee auf die Hauptstadt von Wei zu.

Doch General Pang Juan, der sich noch gut an die Taktik erinnerte, die ihm vor zwölf Jahren eine vollständige Niederlage und den Verlust des gesamten Heeres eingetragen hatte, zog seine Streitkräfte sofort aus Han zurück und marschierte den Truppen aus Qi entgegen.

Man kann sich gut vorstellen, mit welch glühendem Hass General Pang Juan Sun Bin und dem Heer aus Qi gegenübertrat. Sun Bin aber kannte seinen Gegner als einen impulsiven, hochmütigen Patron, der sich nur zu gern offen in blutige Schlachten stürzte. Und natürlich wusste er auch, dass Pang Juan auf Rache sann und seine Gegner verachtete.

Die Armee des Reiches Qi war für ihn eine Bande von Feiglingen, die nur aus dem Hinterhalt zuschlagen konnte. In Sun Bins Augen aber wog kluge Strategie mehr als rohe Kraft. Es sollte ein Leichtes sein, einen solchen Gegner zu besiegen, da sein Naturell ihn leicht durchschaubar machte. Sun Bin schlug seine Schlachten, indem er siegte, *ohne zu* kämpfen, so wie sein berühmter Vorgänger Sunzi es in seinem Werk empfahl. Dieser riet, möglichst jeden Umstand zum eigenen Vorteil zu wenden. (So kann auch ein Rückzug von Vorteil sein, wenn er dem Gegner nämlich suggeriert, er habe den Sieg schon errungen.) Dann aber solle man sich das Überraschungsmoment zunutze machen und die Gelegenheit zum Sieg beim Schopfe packen.

Sun Bin dachte lange nach und ersann ad hoc ein Strategem für die neue Situation: Er wollte den Eindruck erwecken, die Streitkräfte Qis seien nicht ausreichend gerüstet, und einen Rückzug vortäuschen, während er sich in Wirklichkeit auf den Angriff vorbereitete.

Als daher das Heer von Wei vorrückte, zogen sich die Truppen aus Qi zurück. Sie schienen eiligst auf Qi zuzumarschieren und ließen sogar die Fackeln ihrer Biwaks zurück. Am ersten Tag hunderttausend, am zweiten Tag fünfzigtausend, am dritten Tag dreißigtausend.

Dies verführte Pang Juan zu der Annahme, die Soldaten aus Qi seien völlig demoralisiert und fühlten sich vollkommen unterlegen. Wie sonst hätte er sich diese Fahnenflucht erklären sollen?

Der General schmeckte schon das süße Aroma des Sieges auf der Zunge.

Doch Sun Bins Strategem ging auf. Er sah Pang Juans verächtliches Grinsen förmlich vor sich und spürte, dass dieser die entscheidende Schlacht kaum noch erwarten konnte.

Und tatsächlich beging Pang Juan in seiner Ungeduld, endlich das Heer von Qi zum vermeintlich letzten Kampf zu zwingen, einen entscheidenden Fehler. Er ließ die Fußsoldaten hinter sich und ordnete an, dass diese ins Hauptlager zurückkehren sollten. (Was sollten sie ihm auch nutzen, außer dass sie seinen Marsch verlangsamt hätten?) Und so setzte er dem Gegner mit nur zwei Kavallerieregimentern nach, die noch dazu schlecht ausgerüstet waren. Diese sollten ausreichen, um einen fliehenden Gegner zu besiegen, der am Ende seiner Kräfte war. Dachte zumindest Pang Juan!

Sun Bin, der die Bewegungen des Heeres aus Wei genauestens beobachten ließ, gelangte zu dem Schluss, dass seine Gegner am Abend nach einem anstrengenden Marsch im Tal von Maling ankommen würden. Dort legte er seinen Hinterhalt.

Und so geschah es auch.

Die Kavallerie von Pang Juan wurde am vorgesehenen Ort von einem Pfeilhagel begrüßt. Das Heer aus Qi umzingelte die Soldaten. Es gab kein Entkommen. Die Niederlage war bald besiegelt.

Das Dunkel der Nacht trug noch zur allgemeinen Verwirrung bei, und so tat Pang Juan das Unvermeidliche: Er starb von eigener Hand, indem er sich die Kehle durchschnitt.

Ein schreckliches Ende, doch was Sun Bin angeht, so müssen wir zugeben, dass er einer der großen taktischen Meister der Kriegskunst war.

趁火打劫

Strategem V

Im Schutze der Feuersbrunst plündern

Kommentar
Wenn der Gegner mit einer Katastrophe kämpft, solltest du angreifen.
Das Buch der Wandlungen sagt:
Der Starke übt seine Macht über den Schwachen aus.

Erläuterung
Wenn der Feind in Schwierigkeiten ist, lässt er sich leicht besiegen.

Sunzi

Mit »Feuersbrunst« sind Probleme gemeint, die den Gegner in die Knie zwingen und gemeinhin aus zweierlei Ursachen entstehen können: innere Krisen und äußere Bedrohungen. »Innere Krisen« können wirtschaftliche Schwierigkeiten zum Beispiel aufgrund von Naturkatastrophen ebenso bedeuten wie Korruption oder Verrat, aber auch Unzufriedenheit in den Reihen des Gegners. »Äußere Bedrohung« meint ganz wörtlich alle Gefahren, die von außerhalb kommen.

Trotzdem sollte dieses Strategem nicht allzu wörtlich verstanden werden. Letztlich geht es darum, dass man im entscheidenden Augenblick die Initiative ergreift. Dabei ist die »Feuersbrunst« als starkes sprachliches Bild zu verstehen, das für eine Zeit der Unruhe und Verwirrung in den Reihen des Gegners steht.

Auch die Aufforderung zum Plündern ist letztlich im übertragenen Sinne zu verstehen als schnelle Aktion, mit der man die Situation zu seinen Gunsten nutzt – mit minimalem Aufwand und Einsatz.

Wie es das Hexagramm 43, »Die Entschlossenheit« im Buch der Wandlungen, suggeriert: Bei solcher Gelegenheit sollten wir entschieden auftreten und den geschwächten Gegner mit unserer Stärke konfrontieren. Wie uns die Polarität zwischen Yin und Yang lehrt, ist nichts je endgültig oder absolut: Das Starke kann schwach werden, das Schwache stark. Dies kann auch auf dem Schlachtfeld geschehen, wo einander entgegengesetzte Kräfte aufeinandertreffen. Unsere Kraft ist nie absolut, sondern immer relativ. Und auch unsere Überlegenheit bemisst sich letztlich an der

Stärke des Gegners. In der Kampfkunst gilt es als unverzeihlicher Fehler, den Augenblick, in dem der Gegner bereit ist aufzugeben, ungenutzt verstreichen zu lassen. Dies ist eine einmalige Gelegenheit, die eigenen Kräfte zu potenzieren. Wenn wir diese nicht nutzen, laufen wir Gefahr, dass der Gegner sich erholt und von neuem stark und gefährlich wird.

Alles ist relativ. »Sich ans Plündern zu machen« bedeutet einfach, dass wir dem Gegner die Möglichkeit nehmen, sich zu reorganisieren und wieder eine überlegene Position aufzubauen. Wir müssen ihm schon beim ersten Anzeichen von Schwierigkeiten seinerseits einen tödlichen Schlag versetzen, ohne ihm Zeit zum Atemschöpfen und zur Erholung zu geben.

In ethischer Hinsicht ist diese Strategie problematisch, doch wenn es um Vorteil und Sieg im Kampf geht, zweifelsohne legitim.

Die Strategie, »ausgeruht den erschöpften Gegner zu erwarten«, setzt vor allem auf die *Geduld*. Hier hingegen geht es um Entschlossenheit, Schnelligkeit und Unmittelbarkeit, mit der man eine günstige Situation nutzt.

Dieses Strategem lässt sich schön in das Bild eines Falken fassen, der seine Klauen in die leicht zu erhaschende Beute schlägt.

Was die Geschichte lehrt

Die Frühlings- und Herbstepoche war von blutigen Machtkämpfen gezeichnet. Verschwörungen und Gewalt waren an der Tagesordnung. Das Reich der Mitte (der alte Name Chinas) zerfiel damals in gut zweihundert Feudalstaaten, die ständig im Krieg miteinander lagen.

Am Ende dieser Epoche, etwa um 499 v. Chr., brachen zwischen den Staaten Wu und Yue offene Feindseligkeiten aus. Ihnen voraus gingen die üblichen Kriegserklärungen.

Nach der entscheidenden Schlacht war Gou Jian, der Fürst von Yue, in Gefangenschaft geraten. Doch Fu Chai, der Fürst von Wu, ließ ihn nicht hinrichten. Er wollte ihn vielmehr demütigen. Also enthob er ihn seiner bisherigen Stellung und machte ihn zum Stallburschen.

So gingen drei Jahre ins Land. Während der Fürst von Yue immer mehr Land eroberte und immer hochmütiger und vermessener wurde, brannte im Herzen Gou Jians unvermindert der Wunsch nach Rache. Entschlossen wartete er seine Stunde ab. In der Zwischenzeit aber zeigte er sich als dankbarer Untertan Fu Chais, da dieser ihm ja nach der Niederlage die große Gnade erwiesen hatte, sein Leben zu schonen.

Nach drei Jahren in den Stallungen Fu Chais erlaubte dieser Gou Jian, in sein Land zurückzukehren und es zu regieren – als Vasall des Staates Wu.

In dieser Position bereitete Gou Jian von langer Hand die Wiederauferstehung seines Reiches vor – trotz der Belastungen, die die hohen Tributzahlungen an Wu für sein

Land bedeuteten. Sieben Jahre kluger Herrschaft sorgten dafür, dass die Wirtschaft sich wieder erholte und sein Land bald so stark war wie vor der Niederlage zehn Jahre zuvor. Dadurch erwarb Gou Jian sich auch unbedingten Rückhalt beim Volk. Immer mehr Militär- und Regierungsberater boten ihm ihre Dienste an.

Einige Jahre danach wurde das Reich Wu von einer sehr schweren Dürre heimgesucht. Während die sengende Hitze die Fische in den Flüssen tötete, die Wiesen versengte und die Reisfelder austrocknete, gab sich Fu Chai seinen üblichen Vergnügungen hin. Er vernachlässigte Regierungs- und Verwaltungsangelegenheiten und ließ sein Volk hungern. So kam es zu allgemeiner Unzufriedenheit. Der Herrscher verlor zunehmend den Rückhalt im Land, und bald begannen da und dort Unruhen aufzuflackern.

Gou Jian besaß einen scharfen Verstand und wusste diesen auch zu gebrauchen. Beschlagen in der Kunst der strategischen Kriegsführung, machte er einen Plan, wie er die schwierige Lage, in der sich das Reich Wu befand, zu seinen Gunsten nutzen konnte. Mit Schmiergeldern und schönen Frauen zog er den Reichskanzler auf seine Seite. Eine Intrige rückte den engsten Vertrauten des Fürsten von Wu in schlechtes Licht, der daraufhin Selbstmord beging. Schließlich brachte Gou Jian seinen Gegner Fu Chai dazu, die Kassen seines Landes noch stärker zu plündern. Er appellierte an dessen Großmannssucht, die ihn immer neue unnütze Paläste bauen ließ. Um ihn darin noch zu bestärken, sandte Gou Jian ihm sogar seine geschicktesten Handwerker und seinen Hofbaumeister.

Lange hatte Gou Jian auf den richtigen Moment zum Losschlagen warten müssen. Doch endlich bot sich die Gelegenheit, im Schutze der »Feuersbrunst zu plündern«, und das kam so: Fu Chai war mit einem mächtigen Heer nach Norden gezogen, um dort lukrative Bündnisse mit anderen Herrschern zu schließen. Die Hauptstadt wurde währenddessen nur von einer kleinen Garnison Soldaten bewacht.

Nun galt es, keine Zeit mehr zu verlieren.

Gou Jian nutzte die Gelegenheit zu einem schnellen Handstreich, ehe seinem Gegner die Gefährlichkeit der Lage überhaupt bewusst wurde.

Nun ging alles ganz schnell. Fu Chai konnte sich auch nicht im Entferntesten vorstellen, dass irgendeine Gefahr bestand und er bald sein Leben verlieren würde.

Gou Jian unternahm also seinen Überraschungsangriff gegen das Reich Wu und zog als Sieger in die Hauptstadt ein. Wie im Zusammenspiel von Yin und Yang, bei dem die Kräfte unausgesetzt in ihr Gegenteil umschlagen, hatte das Blatt sich gewendet: Jetzt war Gou Jian der Herr und legte das Gewand des Dieners ab.

Er hatte seine Trümpfe klug ausgespielt. Fu Chai kehrte in sein Land zurück und bat um Gnade. Doch letztlich hatte er nur die Wahl zwischen Hinrichtung und Selbstmord. Er entschied sich für Letzteres und beschloss somit den letzten Akt in der erfolgreichen Anwendung des Strategems.

聲東擊西

Strategem VI

6

Geschrei im Osten, Angriff im Westen

Kommentar

Hat man erst den Geist des Gegners verwirrt, weiß dieser die Lage nicht mehr richtig einzuschätzen. Dann bewahrheitet sich, was das Hexagramm 45 im Buch der Wandlungen sagt: »Der See ist oberhalb der Erde.«
Greif überraschend an.

Erläuterung

Greif an, wenn der Gegner nicht vorbereitet ist, und an einem Punkt, an dem der Gegner dich nicht erwartet.

Sunzi

Dieses Strategem rät uns, heimlich das Gegenteil dessen zu tun, was wir öffentlich erklärt haben (»Geschrei«). Indem wir Informationen durchsickern lassen, die den Gegner auf eine falsche Spur führen, und ihn so glauben machen, unser Handeln ziele in eine völlig andere Richtung, können wir die Pläne des Gegners durchkreuzen und ihn dort treffen, wo er es am wenigsten erwartet. Wir verwirren ihn und sorgen für Unordnung in seinen Reihen. So schaffen wir das Überraschungsmoment, das uns erst den vollständigen Sieg beschert. Der Gegner wird seine Verteidigung auf eine Flanke konzentrieren, weil er überzeugt ist, dass wir dort angreifen. Dadurch entblößt er die andere Flanke, auf die sich in Wirklichkeit unser Angriff richtet.

Das Überraschungselement entsteht dadurch, dass wir die Pläne des Gegners vorhersehen können, während er die unseren nicht kennt; die wichtigsten Elemente dieses Strategems sind also Geheimhaltung und Täuschung. Wir dürfen nicht zulassen, dass unser Gegner unsere Pläne erahnt. Zu diesem Zweck müssen wir alles daransetzen, dass er nicht Lunte riecht und wir ihn tatsächlich verwirren.

Ablenkungsmanöver sind allerdings oft ziemlich durchsichtig. Nur selten lässt sich der Gegner tatsächlich davon täuschen. Gerade wenn wir mechanisch und ohne Umsicht vorgehen, können sie sich wie ein Bumerang gegen uns selbst kehren!

Es ist von entscheidender Bedeutung, dass der Gegner nicht ahnt, wann, wo oder wie wir angreifen. Daher müssen wir wachsam und ohne Zögern auf das Timing unseres Gegenspielers reagieren: Wenn er nicht mit unserem Angriff rechnet, schlagen wir zu. Wenn er hingegen auf den Kampf vorbereitet ist, verharren wir untätig. Wenn er uns zur Rechten erwartet, greifen wir zur Linken an. Wenn er uns zur Linken erwartet, schlagen wir auf der rechten Seite zu. Wenn er uns geschwächt glaubt, werden wir ihn unsere ganze Kraft spüren lassen. Wenn er uns jedoch für gefährlich hält, werden wir tun, als seien wir schwach. Bei der Anwendung dieses Strategems ist es mehr denn je nötig, dass wir unsere Strategie stets flexibel der des Feindes anpassen.

Strategem I, »Das Meer durchqueren, um den Himmel zu täuschen«, basierte auf dem Rat, das Geheime offen auszubreiten, um so dem Gegner keinen entscheidenden Hinweis zu geben. Wenn wir jedoch »im Osten schreien« und »im Westen angreifen«, dann verschleiern wir damit die Richtung, aus der unser Angriff erfolgen soll: Unser Gegenspieler erwartet ihn von hier, wir aber attackieren von dort.

In einer Schrift aus dem Jahr 1963 mit dem Titel *Über den langwierigen Krieg* beschäftigt sich Mao Zedong eingehend mit diesem Strategem und beleuchtet es im Hinblick auf den Bürgerkrieg. Dabei entwickelt er neue Anwendungsmöglichkeiten und entdeckt neue Sinndimensionen.

Den Gegner mit falschen Informationen zu füttern, um ihn über unser wahres Bestreben im Unklaren zu lassen, ist eine Strategie, die sich nicht nur im militärischen Kampf bewährt hat. Macht nicht der Zauberer auf der Bühne genau dasselbe? Er lenkt den Blick des Zuschauers in die eine Richtung, um im Schatten der allgemeinen Aufmerksamkeit seinen Trick auszuführen.

Das vorliegende Strategem greift ein Bild aus Hexagramm 45 des Buches der Wandlungen auf: »Die Sammlung«. Das Bild zu diesem Hexagramm lautet: »Der See ist oberhalb der Erde: das Bild der Sammlung. So erneuert der Edle seine Waffen, um Unvorhergesehenem zu begegnen.«

Vor dem Hintergrund unseres Strategems bedeutet das Bild des Sees »oberhalb der Erde«, dass die Yin-Kräfte, die Strategeme, im Geheimen eingesetzt werden müssen, um im Kampf wirksam zu werden. Diese Methode wird angewandt, um möglichst gut auf unvorhersehbare Wendungen im Lauf der Ereignisse reagieren zu können. Der kluge Stratege jedenfalls sorgt dafür, dass der Gegner den von ihm lancierten Informationen folgt, und verhindert so, dass der Gegner ihn überrascht. Auf diese Weise ist er stets zum Schlag bereit und kann sich den finalen Sieg sichern.

Was die Geschichte lehrt

In den Anfangszeiten der westlichen Han-Dynastie war das Reich der Mitte in 15 Präfekturen unterteilt, die direkt der Zentralgewalt unterstellt waren, und in 22 Feudalstaaten, die von tributpflichtigen Fürsten regiert wurden. Doch schon bald gewannen Letztere so sehr an Macht, dass es 154 v. Chr. zur sogenannten »Rebellion der Sieben Reiche« kam. Liu Bei, der Fürst von Wu, setzte sich an die Spitze der sieben Feudalstaaten und rebellierte gegen die kaiserliche Autorität. Bald unternahm er einen Marsch auf die Hauptstadt des Reiches.

Der Kaiser übertrug General Zhou Yafu die nicht ganz leichte Aufgabe, die Rebellion niederzuschlagen und die Ruhe wiederherzustellen. Zhao Yafu gelang es, sich (unter Anwendung von Strategem XIX, »Das Scheit unter dem Kessel hervorziehen«) der Waffen und Lebensmittelvorräte des Gegners zu bemächtigen. Dann zog er sich in eine Festung zurück und erwartete den Ansturm der feindseligen Horden. Dieser ließ nicht lange auf sich warten.

Bald erklangen im Südosten der Festung Kriegstrommeln, Glocken und das ohrenbetäubende Geschrei der kampfbereiten Soldaten. Zhao Yafu zögerte einen Moment und gab dann einen ungewöhnlichen Befehl. Er ließ im Südosten nur einen kleinen Trupp Soldaten aufmarschieren, während er selbst sich im Nordwesten an die Spitze des restlichen Heeres setzte. In Erwartung der kommenden Schlacht ließ er die Armbrustschützen in der Festung strategische Positionen beziehen.

Zhou Yafus Offiziere rieben sich verwundert die Augen.

Doch Zhou Yafu war ein außergewöhnlicher Stratege mit brillanten Einfällen und enormer Erfahrung. Er hatte erraten, dass der unglaubliche Lärm im Südosten nur ein Ablenkungsmanöver war. Der Feind versuchte, durch die lärmende Vorhut im Südosten Zhou Yafus Aufmerksamkeit von der anderen Seite der Festung abzuziehen, wo der tatsächliche Überraschungsangriff erfolgen sollte. Und so wandte Zhou Yafu das Strategem gegen seinen Gegner an – wie einen Bumerang!

Zhou Yafus Vorahnung erwies sich als zutreffend. Die Belagerer schlichen sich im Schutz der Dunkelheit im Nordwesten an. Die Belagerten aber waren vorbereitet!

Noch bevor die Truppen Liu Beis es merkten, wurden sie zum Opfer von Zhou Yafus Scharfschützen. Der Pfeilhagel traf sie völlig unerwartet, Liu Beis Soldaten flohen über die Felder und versperrten sich dabei selbst den Weg. Da Liu Bei an Waffen und Vorräten knapp war, gelang es ihm nicht, sein Heer für eine längere Belagerung neu zu organisieren.

Durch seine unerwartete Reaktion erwies Zhou Yafu sich als Meisterpsychologe. Er hatte den Gegner überraschend getroffen und ihn dadurch sowohl materiell als auch moralisch geschwächt. Liu Bei und die anderen rebellischen Fürsten wurden hingerichtet oder töteten sich selbst.

Die Vasallenstaaten wurden unter den Verwandten des Kaisers aufgeteilt, was zwei Jahrhunderte lang jeden weiteren Aufstand vereitelte.

Strategien für den Gegenangriff

三十六計

無中生有

Strategem VII

7

Etwas aus dem Nichts schaffen

Kommentar

Eine [offenkundige] Lüge ist keine [wirksame] Lüge.
Eine überzeugende Lüge [muss] wirklich [erscheinen].
Wenig Yin [wandelt sich in] viel Yin, [wenn es] stark yang wird.

Erläuterung

Die zehntausend Dinge dieser Welt entstehen aus dem Sein,
das Sein entsteht aus dem Nicht-Sein.

Tao Te King, XL

Dieses Strategem (dessen wörtliche Übersetzung lautet: »Das Sein aus dem Nicht-Sein entstehen lassen«) wurzelt direkt in der Symbolik des bekannten Yin-Yang-Symbols. Dieses wird in Abschnitt 40 des *Tao Te King* erklärt.

Mit der Empfehlung, »etwas aus dem Nichts heraus zu schaffen«, betreten wir das Reich der bewussten Täuschung. Indem wir eine klug konstruierte Illusion ohne reale Grundlage schaffen, bringen wir unseren Gegner dazu, an Dinge zu glauben, die nicht da sind. So verwechselt er Sein mit Schein und kann die Lage nicht mehr richtig beurteilen.

Der chinesische Begriff *wu* (»Nicht-Sein«, »Nichts«, »Leere«, »Unwahrheit«) bedeutet auf militärischem Gebiet »Bluff«, also eine Art Finte, um den Gegner zu täuschen. Wir geben das Falsche für wahr aus, die Unwahrheit für Realität.

Um welche Art von Finte es sich handelt, hängt von den Umständen ab: So können wir bewusst Falschinformationen über uns oder den Gegner in Umlauf setzen. Oder wir können tun, als besäßen wir etwas, um stärker zu erscheinen, als wir sind. Was natürlich auch umgekehrt sinnvoll sein kann, wenn wir so tun, als stünden wir ohne oder so gut wie ohne Hilfsmittel da, obwohl dies nicht der Fall ist. Und wir können uns auf Propaganda verlegen: Sie lässt Falsches durch ständige Wiederholung am Ende doch richtig erscheinen. Fakten zu verbiegen, ist ein vergleichsweise alltäglicher Vorgang: Lügen werden wahr, wenn man sie nur oft und lange genug wiederholt. Wenn sie dann noch die öffentliche Meinung aufgreifen, sodass sie von Mund zu Mund gehen, breiten sie sich aus wie ein Ölfleck. Was alle sagen, muss schließlich stimmen.

Der chinesische Begriff *you* (»Sein«, »etwas«, »Fülle«, »Wahrheit«) steht auf militärischem Gebiet für die wirkliche Absicht, also den Angriff.

Strategem VII beschreibt somit den überraschenden Angriff auf den Gegner im Schutz einer klugen Inszenierung. In diesem Sinne wird der Angriff (»etwas«) aus der Täuschung (»nichts«) geschaffen.

Doch das Strategem geht darüber noch hinaus. Tatsächlich heißt es im Kommentar:

Wenig Yin [verwandelt sich in] viel Yin, [wenn es] stark yang wird.

Dies ist die Taktik der doppelten Täuschung: Wenn der Gegner die erste (*yin*) und zweite Täuschung (*yin*) durchschaut hat, wird seine Aufmerksamkeit nachlassen. Er wird auch das dritte Manöver für eine Täuschung halten, obwohl es nun um einen wirklichen Angriff (*yang*) geht. Die irrige Schlussfolgerung seitens des Gegners, dass das, was in den ersten beiden Fällen stimmte, auch für den dritten zutreffen muss, führt dazu, dass wir ihn völlig unvorbereitet treffen können.

Der Geist des Gegners wird mittels der taoistisch motivierten psychologischen Strategie der Fülle bzw. Leere verwirrt: Wir vertauschen Fiktion mit Wirklichkeit (wobei die Wirklichkeit immer gleichzeitig auch Fiktion ist), um schließlich dafür zu sorgen, dass die Fiktion tatsächlich Wirklichkeit wird.

Diese psychologische Strategie, die sich auf nichtmilitärischem Gebiet geradezu aufdrängt, muss jedoch mit Bedacht eingesetzt werden.

Das Strategem darf nicht zu oft eingesetzt werden. Darüber hinaus muss es dem Charakter des Gegners Rechnung tragen. Der konfuzianische Philosoph Xunzi (312–235 v. Chr.), den man als chinesischen Thomas Hobbes bezeichnen könnte, warnt uns jedenfalls: »Ein Ball, der den Berg hinunterrollt, kommt zum Stillstand, wenn er in ein Loch fällt. Gerede, das von Mund zu Mund geht, kommt beim klugen Mann zum Stillstand.«

Was die Geschichte lehrt

Während der Herrschaft der Tang-Dynastie kam es 755 zur berühmten Rebellion des Militärstatthalters An Lushan, der ein Günstling des Kaisers Xuanzong war.

An Lushan gab sich mit diesem gleichwohl hohen Rang nicht zufrieden. Obwohl seine Macht ständig wuchs, genügte ihm dies nicht. Sein Ehrgeiz richtete sich auf Höheres: Er wollte den Kaiser vom Thron stoßen und seinen Platz einnehmen. Sein hemmungsloses Machtstreben versetzte dem Kaisertum einen schweren Schlag, ihm selbst aber brachte es den Tod.

Während dieses Putschversuchs also belagerte eine gut ausgebildete, starke Armee (vierzigtausend Mann unter ihrem Befehlshaber General Linghu Chao) die Stadt Yongqiu. Diese Belagerung war der Rahmen, in dem das Strategem »Etwas aus dem Nichts schaffen« angewandt wurde.

Yongqiu wurde von einem Häuflein aus zweitausend Soldaten verteidigt, die noch dazu schlecht ausgerüstet waren. Sie standen unter dem Kommando von General Zhang Xun, der dem Kaiser treu ergeben war.

Die Belagerten leisteten erbitterten Widerstand, doch bald waren Pfeile in der Stadt nur noch Mangelware. Schließlich kam der Tag, an dem alle Munition mehr oder weniger aufgebraucht war. Man fürchtete, die Stadt nicht mehr halten zu können.

Wie auch sollte man einen so gut gerüsteten und zahlenmäßig überlegenen Gegner in die Knie zwingen? Die sichere Niederlage schien nur noch eine Frage der Zeit zu sein.

In dieser Notlage nahm General Zhang Xun Zuflucht bei einer List, der einzigen Waffe, welche Yongqiu noch vor dem Überranntwerden retten konnte. Er ließ seine Männer etwa tausend Puppen in schwarzen Gewändern fertigen, mit einem Helm auf dem Kopf und einem Holzschwert am Gürtel.

Als die Nacht hereinbrach, ließ man die Puppen an Seilen die Stadtmauer hinunter. Zhang Xun wollte den Gegner glauben machen, er bereite einen Überraschungsangriff vor. Und wegen der Entfernung gelang die Täuschung im Schutz der Nacht.

Linghu Chao befahl, die vermeintlichen Soldaten mit einem Pfeilhagel zu überschütten. Tausende von Pfeilen bohrten sich in die Puppen.

Am nächsten Morgen riefen die Truppen der Tang-Dynastie den Feinden ihren Dank zu, waren ihre Bestände an Pfeilen doch nun gesichert. Wenn wir beim Wortlaut unseres Strategems bleiben wollen, erhielten sie »etwas« (die Pfeile) aus dem »Nichts« (die falschen Soldaten).

Einige Tage später, als am Abend der Schlachtenlärm verstummt war, ließ man von neuem die Puppen die Stadtmauer hinab. Nach der Demütigung, die ihm in jener Nacht widerfahren war, hatte Linghu Chao allen Grund zu glauben, dass der Gegner denselben Trick ein zweites Mal versuchen wollte.

Bildete Zhang Xun sich tatsächlich ein, er würde noch einmal auf dieselbe List hereinfallen?

Er grinste und war sich sicher, dass er nur abzuwarten brauche: Früher oder später würde die Belagerung Erfolg haben, denn den kaiserlichen Truppen gingen allmählich die Ressourcen aus. Sie mussten am Ende ihrer Kräfte sein!

Zhang Xun aber, der sah, dass der Gegner dieses Mal auf seine List nicht hereinfiel, beschloss, nun den dritten Teil des Strategems einzusetzen, den Yang-Teil.

In der folgenden Nacht seilten sich fünfhundert ausgesuchte Männer an der Stadtmauer ab, die tapfersten und kräftigsten der gesamten Garnison.

Wie erwartet erregten sie keinerlei Verdacht. Da man sie für die üblichen Puppen hielt, wurde kein Alarm geschlagen. Sie konnten ungehindert durch die Reihen des Feindes vordringen und dort ihr Zerstörungswerk verrichten. Sie legten Feuer an die Zelte und töteten so manchen Mann im Schlaf. Allgemeine Verwirrung brach aus, die feindlichen Soldaten flohen.

Linghu Chao erlitt eine demütigende Niederlage.

Der Ausgang dieser Schlacht, die innerhalb weniger Stunden entschieden wurde, zeigt deutlich, dass in einer Welt, in der Yin ständig in Yang umschlägt und Yang in Yin, die enorme zahlenmäßige Überlegenheit von Linghu Chaos Heer nicht der entscheidende Faktor war. Aus dem »Nichts« (die Inszenierung) lässt sich »etwas« (der Sieg) schaffen. In der Kunst des Kampfes kann eine unvorteilhafte Lage durchaus in einen Vorteil umgemünzt werden. Dann wird selbst das scheinbar Unmögliche wahr.

暗渡陳倉

Strategem VIII 8

Heimlich auf Chenchang vorrücken

Kommentar

Obwohl man Herr [der Lage] ist, [dem Gegner] einen falschen Schachzug zeigen, um seine Sorglosigkeit auszunützen.

[Das Buch der Wandlungen sagt:]

»Die Mehrung: Bewegung und Flexibilität.«

Erläuterung

Was ist, ist nicht.
Was nicht ist, ist.

Taoistisches Sprichwort

Das oben genannte taoistische Sprichwort spielt mit der Dualität von Yin und Yang, die sich hier als Opposition von Sein und Schein zeigt. Dieser Gegensatz liegt der Natur aller Dinge zugrunde und erläutert das Wirkprinzip dieses Strategems: Eine scheinbar angewandte Taktik verschleiert die wahre.

Vorhersehbare Strategien oder durchsichtige Taktik sind sozusagen optimale Lockvögel für unbedarfte Strategen: Damit lässt sich der Gegner über die wahren Pläne täuschen. Er muss sich dem Unerwarteten stellen und kann seine Kräfte nicht sammeln. Damit dieses Strategem aufgeht, müssen zwei Taktiken nebeneinander angewandt werden: eine direkte (die sichtbare) und eine indirekte (die tatsächliche). Die direkte Taktik besteht darin, mit einer leicht vorhersehbaren Strategie einen offenen Angriff zu simulieren und so die Aufmerksamkeit des Gegners sowie den Hauptteil seiner Truppen an dieser Flanke zu binden. Der Gegner wird sich im Vorteil fühlen, weil er denkt, er habe unsere Pläne durchschaut. Gleichzeitig aber wenden wir unsere indirekte Taktik an. Wir nutzen die von uns geschaffene Situation und wenden eine Überraschungstaktik an, die der Gegner nicht im Mindesten erwartet.

Wind und Donner sind die Bilder, welche das Buch der Wandlungen mit Hexagramm 42, »Die Mehrung«, verbindet. Sie geben einen deutlichen Hinweis auf die Dynamik, der die Schlacht folgen sollte. Der Wind symbolisiert die Flexibilität, mit der wir reagieren und in die vom Gegner eröffneten leeren Räume eindringen sollten. Der Donner hingegen steht für die Entschlossenheit und Unmittelbarkeit unserer Handlung. Das Buch der Wandlungen versichert uns, dass wir mit »Bewegung und Flexibilität« unweigerlich Erfolg (»Die Mehrung«) haben werden.

Das Strategem »Heimlich auf Chenchang vorrücken« ist in der Politik bekannt und findet vorzugsweise in Zeiten der Krise Anwendung. Regierungen operieren damit, wenn sie, um von inneren Problemen abzulenken und die öffentliche Meinung auf ihre Seite zu ziehen, die Karte des Nationalstolzes spielen (zum Beispiel mit Hilfe von Sportereignissen, bedeutungslosem außenpolitischem Geplänkel und so weiter).

Letztlich aber ist bei der Anwendung Vorsicht geraten! Hier geht es nicht um eine Finte oder um ein Täuschungsmanöver, welche dem Gegner vorgaukeln, dass unser Angriff sich auf eine bestimmte Flanke richten wird (wie beim Strategem »Geschrei im Osten, Angriff im Westen«). Hier operieren unsere Kräfte auf zwei Ebenen: auf der direkten, wo wir die Aufmerksamkeit des Gegners binden, und einer indirekten, wo wir unseren Überraschungsangriff vortragen.

Wie Yin und Yang ist auch unser Strategem wandlungsfähig: In steter Bewegung verharrt es nie nur auf einer Ebene. Direkter und indirekter Angriff sind zwar – absolut betrachtet – einander entgegengesetzt, trotzdem sind die Übergänge dazwischen fließend. Beides ergänzt einander und ist austauschbar. Wenn nämlich unser Gegner erkennt, dass die sichtbare Aktion nur vorgetäuscht ist und der tatsächliche Angriff woanders erfolgen soll, haben sich die Pole umgekehrt: Dann machen wir aus der Scheinattacke den echten Angriff, während wir die indirekte Aktion nur zum Schein vortragen. Theoretisch lässt sich dies endlos so weiterspinnen, wie ein Rad, das sich ununterbrochen dreht!

Das ist die Grundlage unseres taoistischen Sprichwortes: »Was ist, ist nicht. Was nicht ist, ist.«

Was die Geschichte lehrt

Während Machtkämpfe und Intrigen am Kaiserhof den Untergang der eher kurzlebigen Qin-Dynastie ankündigten, wüteten überall im Land große Volksaufstände. Xiang Yu, ein Adeliger aus dem früheren Staat Chu, und Liu Bang, ein niederer Beamter, führten die Aufständischen gegen die kaiserlichen Truppen.

Im Jahr 206 v. Chr. besiegten die Truppen von Xiang Yu die kaiserlichen Verbände, während Liu Bang an der Spitze eines einhunderttausend Mann starken Heeres ohne großen Widerstand die Hauptstadt besetzte und sich dort zum einzigen König der Region Guanzhong ausrufen ließ, des Kernlandes des Qin-Reiches. Tatsächlich hatten Xian Yu und Liu Bang verabredet, dass der, welcher als Erster in die Hauptstadt einziehen würde, sich dort zum Herrscher ausrufen lassen würde.

Xiang Yu, ein hochmütiger und jähzorniger Mann, suchte nicht einmal nach einem Vorwand, um diese Abmachung zu brechen. Er griff an der Spitze eines vierhunderttausend Mann starken Heeres die Hauptstadt an. Nachdem er sie besetzt, ausgeplündert und niedergebrannt hatte, ernannte er sich zum »einzigen Herrscher des westlichen Chu«. Dem entthronten Liu Bang überließ er eine untergeordnete Position: Er bekam das Reich Han zu Lehen und durfte sich fortan »Kaiser von Han« nennen, nach einem Nebenfluss des Yangzi. Tatsächlich aber war Hangzhong, wie das Königreich hieß, ein Ort des Exils, da es durch riesige Bergketten und unwegsame Schluchten vom Rest des Landes getrennt war. Als habe er Liu Bang damit noch nicht genug gestraft und ihn jeglicher Ambition beraubt, in die Region Guanzhong zurückzukehren, gab Xiang Yu die an das Königreich Hanzhong angrenzenden Ländereien drei treuen Generälen zu Lehen, welche auf Liu Bangs Treiben ein Auge haben sollten.

Für Liu Bang wäre es aussichtslos gewesen, der erdrückenden militärischen Übermacht Xiang Lus entgegenzutreten. Das Ungleichgewicht der Kräfte war einfach zu offenkundig. Und so machte er gute Miene zum bösen Spiel: Als Zeichen seines guten Willens ließ er während des Marsches nach Hanzhong alle Brücken hinter sich abbrechen, welche die beiden Regionen miteinander verbanden. Damit verfolgte er allerdings auch ein anderes Ziel: Er schützte sich vor unerwarteten Einmärschen aus den angrenzenden Ländereien, die ja Xiang Yus Getreuen anvertraut worden waren.

Vier Jahre gingen ins Land, während derer Liu Bang sich heimlich neu organisierte und dem hochmütigen Xiang Yu Truppen abwarb.

Dann kam der Tag der Rache.

General Han Xin, der Heerführer Liu Bangs, ersann das Strategem »Heimlich auf Chenchang vorrücken«. Zunächst einmal ließ er von zehntausend Soldaten die zerstörten Brücken wieder instand setzen. Dies war jedoch nur die offenkundige Strategie. Zur Wiederherstellung der Brücken war viel Arbeit nötig. Das würde den Feind beruhigen, denn er würde glauben, dass der Angriff erst sehr viel später erfolgen würde, wenn die Bauarbeiten abgeschlossen wären. Außerdem würde er sein Augenmerk weiterhin nur auf die Brücken richten, während der wahre Angriff von völlig anderer Seite erfolgen sollte.

Von dem Moment an, in dem die Instandsetzung der Brücken in Angriff genommen wurde, verharrten die drei umliegenden Staaten in Alarmbereitschaft. Alle erwarteten, dass der Angriff Liu Bangs von dort aus erfolgen würde.

Warum sollte er sonst auch so viel Energie darauf verschwenden, die Brücken wieder zu errichten?

Obwohl die Bedrohung keine unmittelbare war, da der Abschluss der Arbeiten sich doch noch einige Zeit hinziehen würde, wurden Truppen zu den Baustellen entsandt, um den Fortgang der Arbeiten zu stören. Es kam immer wieder zu kleineren Scharmützeln.

Doch General Han Xin, der keineswegs die Beendigung der Bauarbeiten abwarten wollte, führte längst den Hauptteil seiner Truppen auf einer alten Straße nach Chenchang.

Damit hatte niemand gerechnet.

Mit einem Überraschungsangriff besiegte er die Truppen der Nachbarstaaten und erlangte so die Kontrolle über diese Region, die eine Pufferzone um Hanzhong bildete.

»Heimlich auf Chenchang vorzurücken«, war für Liu Bang der Anfang einer Serie glänzender militärischer Siege, die 202 v. Chr. zur Unterwerfung Xiang Yus führten. Dies war die Geburtsstunde der Han-Dynastie, die China am längsten regierte.

隔岸觀火

Strategem IX

9

Die Feuersbrunst am anderen Flussufer beobachten

Kommentar

Das Yang geht schlau der Unordnung voran.
Das Yin tut das genaue Gegenteil.
Der Hitze der Schlacht Einhalt gebieten und zusehen, wie die Kräfte des Feindes sich gegen ihn selbst richten.
[Das Buch der Wandlungen sagt:]
»Die Ruhe. Man passe sich den Ereignissen an. Die Ruhe ist in Harmonie mit dem Fluss der Ereignisse.«

Erläuterung

Wer den Feind vollkommen besiegt,
bekämpft ihn nicht.

Tao Te King, LXVIII

Dieses Strategem basiert auf einem Prinzip, das sich auch die Kampfkünste, allen voran das Judo, zunutze machen. (Judo bedeutet wörtlich »der Weg des Nachgebens« oder »der Weg der Schwäche«.) Es geht dabei darum, die aggressive Energie des Gegners gegen diesen selbst zu wenden. Siegen, ohne zu kämpfen: Dies ist wahre Kampfkunst. Man besiegt den Gegner, ohne selbst Kraft aufzuwenden. Man besiegt Kraft mit Nachgiebigkeit, mit der Energie der Schwäche.

Wenn es im Lager des Gegners (»am anderen Flussufer«) zu Streit und inneren Zwistigkeiten (»Feuersbrunst«) kommt, sollten wir ruhig und gelassen zusehen und uns in augenscheinliche Gleichgültigkeit (»beobachten«) hüllen. In Wirklichkeit aber folgen wir der Entwicklung der Geschehnisse mit wachsamem Blick.

Dies ist die gegenteilige Strategie zum »Plündern im Schutz der Feuersbrunst«. In dieser Situation dürfen wir uns weder zu Hilfsangeboten noch zu voreiligen Attacken hinreißen lassen: Damit würden wir nur das Risiko eines Gegenangriffs eingehen oder unvorhersehbare Bündnisse auf Seiten des Gegners fördern. Wir tun also gar nichts, sondern bleiben – wie es in einem alten chinesischen Sprichwort heißt – »auf der Anhöhe, um den Tigerkämpfen zuzusehen«.

Gerade bei diesem Strategem ist es von enormer Wichtigkeit, geduldig abwarten zu können. Wir müssen aus der Distanz warten, bis das Chaos im Lager des Gegners sich gelegt hat. Wenn die Feuersbrunst dessen Kräfte zunichte gemacht hat, dann hat das Blatt sich zu unseren Gunsten gewendet. Jetzt können wir losschlagen und die Früchte ernten.

Das Bild zum Hexagramm 16 im Buch der Wandlungen, »Die Ruhe«, spricht vom Donner über der Erde. Für die alten Chinesen symbolisierte dieses Bild die ersten Frühlingsgewitter, wenn die Erde langsam erwacht und die Geschöpfe sich wieder regen. Auf militärischem Gebiet ist hier die Ruhe vor dem Sturm gemeint, das Abwarten des richtigen Augenblicks. In einem Zustand geistiger Ruhe, die aus dem Vertrauen in die eigenen Kräfte erwächst, verfolgt der kluge Stratege aufmerksam den Lauf der Dinge. Konzentriert beobachtet er die Ereignisse und registriert alle Details. Dieses Wissen erlaubt ihm, mögliche Entwicklungen »vorherzusagen« (eine weitere mögliche Übersetzung von Hexagramm 16, *yu*) und ihr Heranreifen abzuwarten. Er versteht es also, aus dem Potenzial der Situation und dessen Entfaltung seinen Vorteil zu ziehen.

Was die Geschichte lehrt

Im Übergang von der Epoche der Östlichen Han zur Zeit der Drei Reiche musste sich in einer der entscheidenden Schlachten General Yuan Shao dem Kriegsherrn Cao Cao geschlagen geben, einem der berühmtesten Strategen der chinesischen Militärgeschichte. Danach kam es unter den Söhnen Yuan Shaos zu blutigen Nachfolgekämpfen um die Herrschaft über die Provinz Fen.

Cao Cao versuchte, aus dieser Situation Vorteil zu ziehen und die innere Unordnung des Gegners zu seinen Gunsten zu nutzen, doch erreichte er damit nur, dass die verfeindeten Söhne sich nun gegen ihn verbündeten. So zog Cao Cao sich sofort zurück, um abzuwarten, bis die Söhne Yuan Shaos sich gegenseitig den Garaus gemacht hatten. Er wollte erst dann wieder einmarschieren, wenn sie – durch die Bruderkämpfe geschwächt – eine leichte Beute abgäben. Bis dahin verlegte er sich auf die Eroberung anderer Provinzen.

Und tatsächlich nahmen die Brüder Yuan ihren blutigen Zwist wieder auf, sobald Cao Cao sich zurückgezogen hatte. Bei diesen Kämpfen fand der älteste Bruder den Tod. Gleichzeitig verloren die Brüder einen Großteil ihrer bewaffneten Truppen. Da sie sehr richtig annahmen, dass Cao Cao mit einigen Tausend Soldaten vermutlich bald wieder vor ihren Toren stehen würde, suchten sie den Beistand Gongsun Kangs, des Gouverneurs von Liadong und Erzfeind Cao Caos. Dieser weigerte sich seit Jahren, sich Cao Cao zu unterwerfen.

Doch Cao Cao machte sich, entgegen der Erwartungen seiner Generäle, keineswegs an die Verfolgung der Brüder. Er sammelte vielmehr seine Offiziere um sich und verkündete, dass Gongsun Kang ihm die Köpfe der beiden noch lebenden Brüder bringen würde.

Warum aber griff Cao Cao nicht Gongsun Kang an? Und was meinte er mit seiner Behauptung, der Feind selbst würde ihm die Köpfe der Yuan-Brüder bringen?

Es dauerte nicht lange, bis Cao Cao von Gongsun Kang tatsächlich zwei Stoffbündel überbracht wurden. Deren Inhalt ließ die Offiziere Cao Caos den Atem anhalten: Darin lagen die abgeschlagenen Köpfe der Brüder Yuan!

Cao Cao erläuterte den ungläubigen Offizieren seine Strategie:

»Gongsun Kang weiß, dass er jederzeit Ziel meines Angriffs werden kann. Als daher die Yuan-Brüder nach Liadong kamen, deren wahre Absichten er nicht kannte, stand er vor einem Problem. Wäre ihr Hilfeersuchen aufrichtig gemeint und würde er ihnen Schutz gewähren, könnte er mir zusammen mit ihren Truppen entgegentreten, sollte ich versuchen, ihn anzugreifen. Doch da er sich nur zu gut daran erinnerte, wie der Vater der Yuan-Brüder zeitlebens alles darangesetzt hatte, Liadong zu erobern, hegte er den Verdacht, dass das Ersuchen der Brüder um Waffenhilfe nur ein Vorwand sein könnte, ihn zu entmachten. Wäre ich also gegen die beiden Brüder ins Feld gezogen, hätte ihn das in seiner ersten Annahme bestärkt, und er hätte mit den Brüdern gemeinsame Sache gegen mich gemacht! Doch da ich nichts dergleichen tat, war Gongsun mehr und mehr davon überzeugt, dass seine zweite Annahme richtig war. Und so schlug er dem Zweifel zusammen mit den Brüdern den Kopf ab! So habe ich, ohne auch nur einen Finger zu rühren, der Auseinandersetzung zwischen Gongsun Kang und den Yuan-Brüdern zugesehen. Als unbeteiligter Beobachter begnügte ich mich damit, den Tigerkämpfen vom Hügel aus zuzusehen. So besiegt man seine Gegner, ohne in die Schlacht zu ziehen: Dies ist mit Sicherheit der größte Sieg!«

笑裏藏刀

Strategem X

10

Den Dolch hinter einem Lächeln verbergen

Kommentar

Vertrauen [beim Gegner] erzeugen, ihn beruhigen,
während man an seinen geheimen Plänen arbeitet.
Erst danach zur Tat schreiten,
ohne dass [der Gegner] das Vertrauen [zu uns] verliert.
[Das Buch der Wandlungen sagt:]
»Das Starke ist in der Mitte, das Schwache außen.«

Erläuterung

Honig auf den Lippen, Dolch im Gürtel.

Chinesisches Sprichwort

Um einen starken Gegner dazu zu bringen, seine Wachsamkeit zu lockern, empfiehlt uns dieses Strategem, unsere feindseligen Absichten hinter der Fassade aufrichtiger Freundschaft zu verbergen. Sobald wir das Vertrauen des Gegners gewonnen haben, können wir ihn angreifen, ohne dass er es merkt.

Die Chinesen nennen diese Strategie »der lächelnde Tiger«. Mit welcher Art Lächeln der Tiger seinen Gegner täuscht, richtet sich ganz nach dessen Charakter: Ist er eitel oder borniert, können wir ihm schmeicheln und ihn loben. Tritt er hingegen bescheiden auf, können wir seinen Stolz kitzeln. Zeigt er sich unentschieden, verwirren wir ihn. Ist er arm, mehren wir seinen Besitz.

Sobald unser Gegner angebissen hat, können wir ihm Übel schönreden. Wir können ihm Lasten aufbürden, die er sonst niemals akzeptieren würde, indem wir ihm einreden, diese Situation sei ein wahrer Glücksfall für ihn. Erst später wird er entdecken, dass er in die Klauen des lächelnden Tigers geraten ist.

Die Idee, »den Dolch hinter einem Lächeln zu verbergen«, begegnet uns auch in der Erläuterung zu Hexagramm 58 im Buch der Wandlungen, wo es heißt, dass das Starke im Zentrum, das Schwache aber außen sei. In der chinesischen Militärphilosophie bedeutet dies, dass man seine feindlichen Absichten (»das Starke in der Mitte«) hinter einer Maske verbirgt, hinter einem Lächeln (»das Schwache außen«). Dies kommt nicht von ungefähr: Die Natur dieses Zeichens wird vom Metall bestimmt, das schneidet und zerstört, dem Symbol der kriegerischen Aktivität schlechthin. Der See hingegen ist mit dem Bild des lächelnden Mundes assoziiert. Das Hexagramm besteht aus zwei identischen Trigrammen. Das obere steht für einen See »außen« (»das Lächeln«), das untere für den See »innen«. Die Feindseligkeit bleibt innen, der Ausdruck von Freundschaft ist rein äußerlich. Die Feindseligkeit tritt nur dann hervor, wenn das »Starke« unerwartet sichtbar wird.

Diese Strategie kommt vermutlich den meisten Lesern bekannt vor.

Wer ist noch nie auf jemanden hereingefallen, der vorgab, er wolle unser Freund sein?

Umgekehrt kann uns das Strategem also auch helfen, derartige Strategien zu enttarnen und die wahren Absichten des Gegners zu enthüllen. Es erweist sich stets als hilfreich, wenn jemand versucht, uns über den Tisch zu ziehen.

Wer das Verhalten seines Gegenspielers aufmerksam beobachtet, ohne sich von Äußerlichkeiten täuschen zu lassen, kommt sehr schnell dahinter, was dieser wirklich will. Wenn der Gegner versucht, unser Vertrauen zu gewinnen, indem er sich bescheiden und umgänglich gibt, plant er vielleicht gerade, »seinen Dolch hinter einem Lächeln zu verbergen«: Er verbirgt seine Absicht, uns zu schaden. Bittet unser Gegner um die Beilegung von Streitigkeiten, deren Ausgang noch offen ist, sollten wir diese Bitte aufmerksam prüfen: Vielleicht steht dahinter nur der Versuch, uns zum Stillhalten zu bewegen, damit er Zeit für einen Überraschungsangriff gewinnt. Eine ähnlich simple, aber aus Erfahrung gewonnene Einsicht beschreibt auch Sunzi im neunten Abschnitt seines Werkes: »Demütige Worte und eifrige Vorbereitungen sind Anzeichen dafür, dass der Feind vorrücken wird [...] Friedensvorschläge, die nicht von einem beschworenen Abkommen begleitet werden, deuten auf eine List hin.«

Ein Wort des Konfuzius erläutert den Gehalt dieses Strategems auf das Beste:

»Weise ist, wer – ohne Betrug zu argwöhnen oder Misstrauen zu pflegen – Täuschungen und mangelnde Verlässlichkeit [anderer] sofort erkennt.« (*Lunyu*, XIV, 33)

Was die Geschichte lehrt

Im Jahr 340 v. Chr., während der Zeit der Streitenden Reiche, marschierte General Gongsun Yang aus dem Reich Qin an der Spitze seines mächtigen Heeres auf den Staat Wei zu, um die Festung Wu zu belagern.

Der Herrscher von Wei, der sich von der schmerzhaften Niederlage zehn Jahre zuvor noch nicht erholt hatte (siehe Strategem II, »Wei belagern, um Zhao zu retten«), sah sich außerstande, einen neuerlichen Krieg zu führen.

Was also tun?

Minister Gonzi Ying erinnerte sich, dass Gongsun Yan ursprünglich aus Wei stammte und sie in ihrer Jugend viele Jahre gemeinsam verlebt hatten. Also bat er den Herrscher von Wei darum, Gongsun Yang persönlich aufsuchen zu dürfen, um ihn im Namen ihrer alten Freundschaft von der Belagerung abzubringen. Sollte Gongsun Yang ablehnen, würde Gonzi Ying in der Festung von Wu Zuflucht suchen.

Tatsächlich schien es keine andere Möglichkeit zu geben.

Der Herrscher von Wei war einverstanden. Also begab sich Minister Gonzi Ying an der Spitze von fünfzigtausend Männern in die Festung Wu.

Sobald Gongsun Yang hörte, dass sein alter Jugendfreund Hausherr der Festung war, wollte er sich die Gelegenheit nicht entgehen lassen, das Strategem des hinter einem Lächeln verborgenen Dolchs anzuwenden.

Noch bevor er vor den Toren Wus ankam, schickte er einen Boten zu Gonzi Ying und bat ihn im Namen ihrer alten Freundschaft zu einem dreitägigen Treffen außerhalb der Festung, bei dem ein Waffenstillstand verhandelt werden sollte.

Gonzi Ying freute sich, dass der General seinen Absichten zuvorkam, und nahm den Vorschlag an. Am vorgesehenen Tag verließ er die Festung, nur von dreitausend unbewaffneten Männern begleitet – zum Beweis dafür, dass er und das Reich, das er vertrat, keinerlei böse Absichten hegten. Gongsun Yang empfing den Freund von einst mit offenen Armen. In freundschaftlicher Atmosphäre gaben die beiden sich ihren Jugenderinnerungen hin.

Siegte die Freundschaft also auch auf dem Schlachtfeld?

Gongsun Yang lud Gonzi Ying und seine Männer zu einem Bankett in sein Lager ein.

Doch sobald sie im Lager der Qin waren, setzte man sie gefangen und hieß sie, sich nackt auszuziehen.

Im Morgengrauen kleidete sich ein Trupp des Heeres von Qin in die Uniformen der Soldaten aus Wei. Dann zogen die Männer vor die Festung Wu. Der Kommandant der

Festung zögerte nicht eine Sekunde und öffnete den Soldaten das Tor, da er sie für die Truppen Gonzi Yings hielt, die von den Verhandlungen zurückkehrten.

Sobald sie innerhalb der Festung waren, nahmen Gongsun Yang und seine Truppen die Festung im Handstreich.

Das Strategem vom Dolch, der sich hinter einem Lächeln verbirgt, hatte sich bewährt. Dem allzu vertrauensseligen Gonzi Ying rettete die Freundschaft zu Gongsun Yang wohl den Kopf, doch musste er als Gefangener mit ansehen, wie das Reich Wei unterging.

李代桃僵

Strategem XI

11

Den Pflaumenbaum anstelle des Pfirsichbaums verdorren lassen

Kommentar

[Wenn] die Situation ohne Verluste nicht zu meistern ist,
mindere Yin, um Yang zu stärken.

Erläuterung

Opfere den Bauern, um den Turm zu retten.

Taktik aus dem Schach

Dieses Strategem macht uns deutlich, dass wir nicht immer den totalen Sieg davontragen können. Manchmal bringt eine Situation Vor- und Nachteile für beide Parteien mit sich, vor allem, wenn der Gegner uns kräftemäßig gleichgestellt oder gar überlegen ist. Manche Verluste sind unvermeidlich, also ist es besser, wir opfern etwas von geringem Wert und geringer Bedeutung (*yin*), um etwas Wichtigeres von allgemeinem Interesse (*yang*) zu retten. Eine Schlacht verlieren, um den Krieg zu gewinnen: Nach der chinesischen Vorstellung kommt es nicht darauf an, ein einzelnes Gefecht zu gewinnen, sondern am Ende der Auseinandersetzungen als Sieger dazustehen.

Zu diesem Zweck müssen wir uns über Unannehmlichkeiten hinwegsetzen: Wir müssen kurzfristige Ziele preisgeben, um die langfristigen zu sichern. Wir müssen persönliche Opfer für das Wohl des großen Ganzen bringen. Wir müssen kleine Verluste hinnehmen, um einen weitergehenden Sieg zu erringen. Wir müssen Nebensächlichkeiten opfern, um die Hauptsache zu retten.

Ebendieses Prinzip gilt auch im Schach.

Das Strategem hat seine Wurzeln in einem alten Gedicht aus der Zeit der Han-Dynastie, in dem die brüderliche Liebe besungen wird:

Ein Pfirsichbaum wuchs an einer frischen
Quelle.
Neben dem Pfirsichbaum ein Pflaumenbaum.
Eines Tages kamen die Würmer und fraßen die
Wurzeln des Pfirsichbaums,

doch der Pflaumenbaum lockte sie an, sodass er statt des Pfirsichbaums verdorrte.
Die Bäume opfern sich füreinander auf.
Wie also sollten Brüder einander die Hilfe verweigern?

Dieses Prinzip gründet auf dem Wandel zwischen Yin und Yang: Unterlegenheit versus Überlegenheit, Schwäche versus Stärke, Teil versus Ganzes, Opfer versus Gewinn. Wie ein Kampf ausgeht, dessen Ausgangslage für beide Parteien Vor- und Nachteile birgt, hängt letztlich davon ab, wie sich Teilsieg und Gesamtsieg, wie sich Pro und Kontra, momentane und langfristige Vorteile verteilen.

Denn ein Kampf entscheidet sich nicht einfach nur nach objektiven Kennzahlen wie Truppenstärke, Technologie, Ressourcen und so weiter. Es kommen dabei auch subjektive Fakten wie Führungsqualitäten und strategisches Geschick zum Tragen. Ist der Ausgang der Situation ungewiss, versteht der geschickte Stratege es, objektive Unterlegenheit in strategische Stärke umzuwandeln. Er schätzt die Kräfte ein, die im Spiel sind, seien diese nun objektiver oder subjektiver Natur. Diese wertet er richtig (obwohl die Einschätzung der Vor- und Nachteile einer komplexen Situation im Voraus immer schwierig ist) und ist folglich auch bereit, zum Wohle des Ganzen auf einen Teilsieg zu verzichten oder sogar eine Niederlage zu akzeptieren, wenn so am Ende die Aussicht auf einen Gesamtsieg gesichert werden kann.

Was die Geschichte lehrt

Dieses Strategem entstand im Staat Qin während der Zeit der Streitenden Reiche, und wir begegnen wieder zwei alten Bekannten: Tian Ji und Sun Bin.

Es führt uns mitten hinein in die Welt der Pferderennen, bei denen die Tiere aus dem kaiserlichen Gestüt gegen jene von General Tian Ji antraten. Natürlich wurden auf den Ausgang Wetten abgeschlossen, und zwar keineswegs niedrige. Bei diesen Wetten aber verlor Tian Ji jedes Mal unweigerlich.

Und so ließ er sich eines Tages von seinem treuen Militärberater Sun Bin begleiten. Dieser sah sich alles eine Zeitlang genauestens an, dann riet er Tian Ji zu einer Strategie, die ihm zum Sieg verhelfen sollte.

Am folgenden Tag hielt Tian Ji sich an den gegebenen Rat und gewann tatsächlich zwei Wetten von drei!

Wie hatte er das angestellt?

Bei den Wettrennen gab es drei Läufe, wobei jeweils andere Pferde aus den beiden Ställen gegeneinander antraten. Sun Bin bemerkte schnell, dass Tian Jis Pferde mit denen des Kaiserhofs nicht mithalten konnten. Doch natürlich waren nicht alle Pferde aus dem kaiserlichen Gestüt unschlagbar: Einige besiegten jedes andere Pferd, andere waren nur von mittlerer Stärke, wieder andere hätte man mit Fug und Recht als Schindmähren bezeichnen können. Also riet Sun Bin dem General, im ersten Rennen gegen das beste Pferd aus dem kaiserlichen Gestüt einen echten Klepper antreten zu lassen. Im zweiten Rennen sollte er gegen das »Durchschnittspferd« des Kaisers sein absolutes Spitzentier laufen lassen. Im dritten aber sollte das schlechteste Pferd des Kaisers gegen eines aus Tian Jis Gestüt antreten, das von leidlicher Kraft war.

Natürlich verlor Tian Ji das erste Rennen. Dies war das nötige Opfer, um die beiden restlichen Rennen gewinnen zu können. Er gab also das Rennen, das seine Schindmähre lief, verloren (»den Pflaumenbaum verdorren lassen«), um die beiden anderen Rennen (»der Pfirsichbaum«) zu gewinnen. Hätte er alle drei Rennen gewinnen wollen, wäre Tian Ji jämmerlich gescheitert. Sun Bin hingegen betrachtete die Situation von einer übergeordneten Warte aus. Sein Ziel war es, um ein militärisches Bild zu benutzen, den Krieg zu gewinnen, nicht die einzelne Schlacht.

Tian Ji war so begeistert von dem für ihn ersonnenen Strategem, dass er versuchte, es auch bei dem Hinterhalt anzuwenden, den er den Truppen aus Wei bereitete, die sich auf dem überstürzten Rückzug von Zhao befanden. Wir hatten schon im geschichtlichen Exkurs zum zweiten Strategem (»Wei belagern, um Zhao zu retten«) gehört, dass in der Schlacht von Guiling das Heer aus Wei vernichtend geschlagen wurde. Nur wie das geschah, wissen wir noch nicht. Ebenhier kam das Strategem vom Pflaumenbaum, den man anstelle des Pfirsichbaums verdorren lässt, zum Einsatz.

Das Heer von Wei befand sich also auf einem anstrengenden Gewaltmarsch zurück ins eigene Land. Wie aber war dieser organisiert? Die Truppen marschierten in drei getrennten Kolonnen: eine rechts, eine zur Mitte, eine links. Die Kolonne zur Rechten war die schwächste, die mittlere war von mittlerer Stärke, die linke die stärkste von den dreien.

Tian Ji war entschlossen, die Strategie anzuwenden, die ihm schon beim Pferderennen zum Sieg verholfen hatte. Dementsprechend beabsichtigte er, sein Heer in drei Bataillone aufzuteilen: ein starkes, ein mittelstarkes, ein schwaches. Dann würde er das schwächere opfern, um mit den anderen beiden den Sieg davonzutragen.

Sun Bin allerdings war mit dieser Strategie nicht einverstanden.

»Hier geht es nicht darum, zwei zu eins zu gewinnen. Unser Ziel ist es, so viele Feinde wie möglich außer Gefecht zu setzen. Daher ist es für uns am vorteilhaftesten, wenn wir mit unserem schwächsten Bataillon die stärkste Kolonne des Feindes angreifen. Mit dem mittelstarken Bataillon greifen wir die mittlere Kolonne des Feindes an. Natürlich führt dies im ersten Fall zu einer ungleichen Verteilung der Kräfte, während sich im zweiten die Kräfte die Waage halten. Wir aber haben den Geländevorteil auf unserer Seite: Wir greifen von der Anhöhe her an, sie aber marschieren im Tal. Außerdem sind sie auf einen Hinterhalt ja nicht vorbereitet. Und so können unsere beiden Bataillone sich sicher gegen diesen Gegner behaupten. Sie binden die Kräfte des Gegners, was uns Zeit gibt, um mit unserem stärksten Bataillon die schwächste Kolonne zu überrumpeln. Haben wir diese erst in kürzester Zeit besiegt, kann unser stärkstes Bataillon dem mittleren zu Hilfe eilen. Dann stehen zwei Bataillone gegen eine Kolonne, wodurch wir ganz sicher den Sieg davontragen. Unser schwächstes Bataillon beschäftigt währenddessen die stärkste Kolonne des Feindes. Dann vereinen wir alle drei Bataillone, die gemeinsam den stärksten Truppenverband Weis besiegen.

Ich bin sicher, dass wir auf diese Weise den Sieg erringen werden, obwohl das Heer aus Wei uns zahlenmäßig weit überlegen ist.«

Und tatsächlich ergab sich durch Sun Bins kluge Anwendung des Strategems vom Pflaumenbaum während der gesamten Schlacht ein stetes Ungleichgewicht der Kräfte zugunsten des Heeres aus Qin. Obwohl das schwächste Bataillon große Verluste erlitt, gelang es, das zahlenmäßig überlegene Heer aus Wei zu besiegen.

Einmal mehr hatte Sun Bin unter Beweis gestellt, dass sein militärisch-strategisches Geschick unübertroffen war.

順手牽羊

Strategem XII 12

Das Schaf mitnehmen, wenn sich die Gelegenheit bietet

Kommentar

Ohne Zögern vorstoßen, sobald sich auch nur eine winzige Schneise öffnet.
Ohne Zögern zugreifen, sobald sich auch nur der kleinste Vorteil bietet.
Ein kleines Yin [wandelt sich] in ein kleines Yang.

Erläuterung

»*Tausende von Sandkörnern ergeben, aufeinandergehäuft, am Ende auch eine Pagode.*«

Altchinesisches Sprichwort

Im Kampf ist es von entscheidender Bedeutung, dass wir wachsam bleiben und jede noch so geringe Achtlosigkeit (»Schneise«) des Feindes zu unseren Gunsten nutzen, sobald wir sie erkennen. Jeder Fehler des Gegners, so unbedeutend er auch erscheinen mag, muss von uns sofort als Gelegenheit verstanden werden (auch wenn dies in unseren Plänen nicht vorgesehen war). Wir müssen den Vorteil, und sei er noch so minimal, nutzen, ohne dabei unsere wesentlichen Ziele aus dem Auge zu verlieren. So wandelt sich ein kleiner Fehler (*yin*) des Gegners zu einem kleinen Vorteil unsererseits (*yang*). Jede Nachlässigkeit des Gegners sollten wir in eine Gelegenheit für uns ummünzen.

Wehe dem Feldherrn, der die kleinen Gelegenheiten außer Acht lässt! Die kleine Veränderung ist es, die schließlich den großen Wandel bewirkt.

Ein chinesisches Sprichwort sagt: »Der Fall einer gewaltigen Mauer beginnt mit dem ersten kleinen Riss.«

Der kluge Stratege versteht es, seine Pläne den sich stets wandelnden Gegebenheiten von Mensch und Natur anzupassen (die hier vom Schaf versinnbildlicht werden). Er ist jederzeit zum Wandel bereit und trifft in Sekundenschnelle Entscheidungen, ohne sich auch nur den kleinsten günstigen Umstand entgehen zu lassen, einen Sieg einzufahren.

Da er jede sich ihm bietende Gelegenheit zu nutzen weiß, wird er der Wechselfälle des Schicksals Herr und kann seinen Angriff gegen die »zehntausend Ziele« richten, als wären sie ein einziges. Dass man sich die Schwäche oder Unaufmerksamkeit des Gegners jederzeit zunutze machen sollte, gilt natürlich nicht nur auf dem Schlachtfeld, sondern zum Beispiel auch im Berufsleben oder bei privaten Zwistigkeiten.

Dieses Strategem nimmt seinen Ursprung in einer Volkserzählung aus dem alten China: Ein armer Wanderer ging seiner Wege, als er plötzlich in eine Schafherde geriet. Er bahnte sich seinen Weg durch die Herde. Am Ende trug er ein Lämmchen im Arm, doch er ging so unauffällig weiter, dass der Schäfer dies nicht bemerkte. Er tat, als hätte er das Lamm schon immer getragen. Und die Moral von der Geschicht: Der Wanderer zögerte keine Sekunde, als sich ihm die Gelegenheit bot, endlich seinen Hunger zu stillen!

Andererseits geht es in diesem Strategem nicht nur um eine grundsätzliche Reaktionsbereitschaft, sondern auch um die Fähigkeit zur klaren Unterscheidung. Es ermahnt uns, einen großen Vorteil nicht für ein zweitrangiges Ziel zu opfern. Der geschickte Stratege verfügt über eine gewisse »psychologische Elastizität«, die ihn davon abhält, sich voller Gier auf jeden nur möglichen Profit zu stürzen. Er wird abwägen, ob der kleine Vorteil leicht und schnell zu erlangen ist. Trifft dies nicht zu oder ist die Gelegenheit bereits vertan, sollten wir »auf das Kleine verzichten, um das Große weiterzuverfolgen«, wie dies eine der Regeln des Go ausdrückt.

Der gute Stratege verliert niemals die eingeschlagene Richtung aus den Augen, um einem Vorteil nachzulaufen, der von geringer Tragweite ist.

Was die Geschichte lehrt

In der Frühlings- und Herbstepoche bekämpften sich viele Herzogtümer unter der Östlichen Zhou-Dynastie, um ihr Territorium zu erweitern.

770 v. Chr. beschloss der Herzog von Chen, den Staat Song zu belagern.

Als ihm dies zu Ohren kam, rief der Herzog von Song alle seine Minister zu sich, um sich mit ihnen zu beraten. Der Minister Kong Jia schlug vor, das zweite Strategem anzuwenden: Das Heer von Song sollte auf die alte Festung Yingyang im Staat Chen zumarschieren, die nur von einer kleinen Garnison verteidigt wurde. Wenn man dort einen Angriff vortäuschte, so würde man die Truppen aus Chen dazu zwingen, von ihrem Belagerungsvorhaben abzusehen, um ihre eigene Festung zu verteidigen. Während dieses Rückmarschs würde auch das Heer von Song ins eigene Land zurückkehren: Es war nicht stark genug, um dem Heer von Chen Paroli zu bieten.

Der Plan Kong Jias ging in allen Phasen auf. Auf dem Rückweg von Yingyang musste die Song-Armee den kleinen neutralen Staat Tai passieren.

Und das brachte die Befehlshaber aus Song auf einen Gedanken: Warum sollte man unter dem – wenn auch falschen – Vorwand, der Herzog von Tai habe sich jedem Bündnisersuchen stets widersetzt, diesen kleinen Staat nicht annektieren?

Allmählich nahm der Gedanke Form an, und so machte man sich an die Belagerung der Hauptstadt von Tai. Einige

Tage gelang es den Verteidigern, die Song-Truppen trotz ihrer Überzahl zurückzudrängen. Doch die Lage verschlimmerte sich zusehends. Und so schickte man einen Botschafter zum Herzog von Chen und bat ihn um Beistand, den dieser auch gewährte.

Sobald ein paar Tage später die Kundschafter der Song-Armee meldeten, dass das Heer von Chen im Anmarsch sei, gab man den Befehl, die Truppen mögen sich nach Song zurückziehen.

Als das Heer von Chen vor den Toren der Hauptstadt stand, war die Belagerung schon aufgehoben. Sie fanden die Stadttore weit offen. Schließlich wollte man den neuen Verbündeten willkommen heißen.

Welche Gelegenheit, das Schaf mitzunehmen, das sich da so arglos darbot!

Natürlich ließen die Truppen aus Chen sich diese Gelegenheit nicht entgehen.

Sobald sie innerhalb der Stadtmauern waren, überwältigten sie die ungläubigen Soldaten, welche die Hauptstadt verteidigt hatten. Man stürmte den Regierungssitz und setzte den Herzog von Tai gefangen. Innerhalb kürzester Zeit kam es zur Übergabe.

Und so hatten die Truppen von Chen mit einem einzigen, unbedeutenden Gefecht ein – wenn auch ein kleines – Reich hinzugewonnen.

Strategien für den Erstangriff

三十六計

打草驚蛇

Strategem XIII

13

**Auf das Gras schlagen,
um die Schlangen aufzuschrecken**

Kommentar

*Im Zweifelsfall die Fakten feststellen.
Erst dann etwas unternehmen, wenn diese eingehend geprüft wurden.
Auf diese Weise deckt »Die Wiederkehr« das Yin auf.*

Erläuterung

*»Sich selbst und den anderen zu kennen:
ein gefahrloser Sieg.
Himmel und Erde zu kennen: vollkommener Sieg.«*

Altchinesisches Sprichwort

Der Wortlaut dieses Strategems verweist auf eine alte Vorsichtsmaßnahme, wenn man durch offenes Gelände ziehen musste. Man schlug auf das hohe Gras, damit die Schlangen in der Umgebung erschraken und sich in Sicherheit brachten.

Wenn der Gegner verschwiegen ist und wir seine wahren Absichten nicht ohne Weiteres erkennen können, sollten wir besonders vorsichtig sein und sein Verhalten eingehend beobachten. Denn sonst könnte er uns im Halbdunkel (*yin*) eine Falle stellen oder einen geheimen Plan ausarbeiten.

Das Strategem ermahnt uns, nicht blindlings vorzurücken, sondern erst zu prüfen, von woher und in welcher Form der Schlag des Gegners erfolgen könnte. Am besten sondieren wir das Terrain durch Aktionen, die unseren Gegenspieler zu einer Reaktion provozieren oder ihn verwirren. Wir versuchen, ihn zu überraschen oder einzuschüchtern, und überrumpeln ihn mit einem fingierten Angriff oder einem unerwarteten Schachzug. In der Zeit, die er braucht, um auf unseren Überraschungsangriff zu reagieren, wird er unweigerlich seine Denkungsart enthüllen, seine Absichten und seine Strategie, die bis dato im Verborgenen (*yin*) geblieben sind. Nun besitzen wir die nötigen Kenntnisse über unseren Gegner und können zum direkten Angriff übergehen.

Diese Strategie hat ihre Wurzeln in Hexagramm 24, »Die Wiederkehr«, aus dem Buch der Wandlungen. Das zugehörige Bild lautet: »Der Donner inmitten der Erde«. Die chinesische Philosophie, die auf exakter Beobachtung von

Natur, Gesellschaft und Geist beruht, sieht in diesem Bild ein Symbol für die Wintersonnenwende. In diesem Augenblick ist alles Leben noch in einen Schleier von Kälte und Dunkelheit (*yin*) gehüllt, doch bereitet es sich schon auf das Erwachen (»Die Wiederkehr«) vor. Wie der Winter den Keim des Frühlings in sich trägt, so kann auf militärischem Gebiet das Schweigen des Gegners auf einen Hinterhalt hindeuten. Umsicht ist also angebracht. Wir sollten das Terrain prüfen (»auf das Gras schlagen«).

Das Strategem wurde angeblich während der Zeit der Tang-Dynastie entwickelt. Das Volk hatte die Willkür und den Machtmissbrauch von Seiten des gierigen Bezirksgouverneurs satt, und so legte man eine Petition vor, in der man dessen rechte Hand der Korruption anklagte und dem Gouverneur zu verstehen gab, er würde der Nächste sein. Diese Wendung der Dinge machte dem Gouverneur Angst, weshalb er seinerseits einen Bittbrief an das Volk richtete: »Ihr habt aufs Gras geschlagen. Ich bin nun die erschrockene Schlange.«

Diese Strategie ist von großer psychologischer Wirksamkeit. In vielen Kulturen – nicht nur in China und Japan – kennt man Redewendungen, die dazu auffordern, einen Menschen zu prüfen, um herauszufinden, wessen Geistes Kind er ist. Im chinesischen Buddhismus bedeutet dieser Satz, dass man den Schüler in einen Schockzustand versetzen soll, damit die verborgenen Seiten seines Geistes hervortreten können und er bereit wird für die Erleuchtung.

Bei diplomatischen beziehungsweise politischen Verhandlungen sowie einfachen Diskussionen besteht die Strategie des Aufs-Gras-Schlagens darin, den Gegner zum Reden zu animieren und ihm heiter und gelassen zuzuhören. Ohne ihn zu unterbrechen natürlich, wenn es nicht darum geht, ihm durch gezielte Einwürfe da und dort die Zunge noch weiter zu lockern. Auf diese Weise können wir sein Verhalten beobachten und seine wahren Absichten erraten. Je mehr einer redet, desto größer ist die Chance, dass er nicht jede Aussage vorher genauestens einstudiert hat. Und schon machen sich seine Schwachpunkte bemerkbar, zeigen sich seine Intentionen, all das, was er besser für sich behalten hätte.

Wenn es die Umstände erfordern, können wir bereits an diesem Punkt, sobald wir die psychologischen Grundzüge unseres Gegners kennen, anfangen, ihn aus der Reserve zu locken und zu verwirren, sodass er aus dem Konzept gerät, während wir selbst stets weiterhin heiter und gelassen bleiben. Wenn der Gegner nun impulsiv reagiert und die Beherrschung verliert, wird er sicher Fehler begehen und mögliche Angriffspunkte erkennen lassen. Wir sollten Vorteil aus seinem augenblicklichen Seelenzustand ziehen und dürfen ihm nicht erlauben, sich zu erholen und mit mehr Besonnenheit auf die Situation zu reagieren. Dann ist das Kriegsglück auf unserer Seite, und wir können dies zu unseren Gunsten nutzen.

Eine Abwandlung dieses Strategems besteht darin, den Augenblick, da man »aufs Gras schlägt, um die Schlangen aufzuschrecken«, ein wenig hinauszuzögern. Diese Variante empfiehlt sich, wenn man einen Überraschungsangriff vorbereitet. In diesem Fall wäre es strategisch unklug, wollte man den Gegner vorher provozieren. Schließlich könnte die Schlange sich bedroht fühlen und das Weite suchen. Der Gegner wäre gewarnt, die Chance auf einen Überraschungsangriff von unserer Seite vertan, das Strategem würde sich gegen uns selbst richten. So ähnlich, als würde man einen schlafenden Hund wecken. Daher muss man die Lage vorher eingehend studieren.

Was die Geschichte lehrt

Im Jahr 627 v. Chr. beabsichtigte Herzog Mu aus Qin, gegen das weit entfernte Reich von Zheng, das ein höchst attraktives Beutestück darstellte, zu Felde zu ziehen. Der Militärberater Jian Shu versuchte, ihn davon abzubringen: Die Aktion müsse seiner Einschätzung nach aufwendig geplant und dieser Plan dann minutiös umgesetzt werden. Denn die Entfernung zwischen den beiden Reichen war enorm, und das Heer aus Qin kannte das zu durchquerende Gelände nicht. Doch der Herzog ließ sich nicht erweichen. Er war fest entschlossen, seinen enormen Machthunger zu stillen. Für Planungen im großen Stil fehlte es ihm an Geduld.

Jian Shu begab sich zu General Meng Mingshi, der den Feldzug leiten sollte, und warnte ihn: Auf dem Weg nach Zheng werde er unweigerlich die gewaltige Bergkette Xiao nahe Jin überqueren müssen. Mehrere Pässe und Schluchten waren zu bezwingen. Diese Bergkette sei der ideale Ort für einen Hinterhalt. Aber auch Meng Mingshi, hitzköpfig und kriegslüstern, wollte nicht auf Jian Shu hören. Und so brach er an der Spitze eines großen Heeres nach dem weit entfernten Reich Zheng auf.

Nach langem Marsch gelangten die Truppen an den Pass von Xiao. Meng Mingshi fühlte sich außerordentlich stark und meinte, es müsse genügen, wenn er das Heer in vier Kolonnen aufteilte, um es über den Pass zu führen, und eine hinter der anderen marschieren ließ. Die Entsendung einer Vorhut hielt er für eine überflüssige Vorsichtsmaßnahme. Und so marschierte das Heer ohne Späher einfach über den Pass.

Die erste Kolonne wurde von einem kleinen feindlichen Bataillon angegriffen, das dort im Hinterhalt lauerte. Dieses zog sich nach einigen Scharmützeln zurück.

Das sollte also der schreckliche Hinterhalt gewesen sein, vor dem der Militärstratege Jian Shu gewarnt hatte?

Dieses kleine Gefecht hätte General Meng Mingshi zeigen sollen, welche Gefahr auf ihn lauerte. Doch er verkannte die Lage und merkte nicht, dass der Feind das Strategem »Aufs Gras schlagen, um die Schlangen aufzuschrecken« angewandt hatte. Das kleine Scharmützel erlaubte dem Feind, das Terrain zu sondieren und Meng Mingshis Absichten und Kampfkraft einzuschätzen.

Mit den Erkenntnissen, die er aus diesem »Sparringskampf« gewonnen hatte, entwickelte der Feind dann seine Strategie.

Die Soldaten aus Zheng lagen seit Tagen im Gebüsch oberhalb des Passes auf der Lauer, bereit, den Feind überraschend anzugreifen und jeden Fluchtversuch zu vereiteln.

Meng Mingshi hatte es ja für unnötig gehalten, das Gelände zu erkunden. Stolz, das schwache Bataillon des Feindes mit seinem enormen Heer so schnell in die Flucht geschlagen zu haben, ließ er sich dazu verleiten, ohne die Entsendung einer Vorhut durch die enge Klamm zu ziehen.

Auf den Gipfeln war nichts Verdächtiges wahrzunehmen. Einzig ein schwaches Rascheln in den Büschen hätte ihm den Hinterhalt anzeigen können.

Mit dem Betreten der engen Schlucht hatten die Männer Meng Mingshis sich selbst dem Feind ans Messer geliefert. Und dieser stürzte sich auf seine Beute wie ein reißender Hund! Als Erstes ging ein tödlicher Pfeilhagel auf Meng Mingshis Armee nieder, die nicht im Geringsten auf dergleichen vorbereitet war. Die Soldaten flohen nach allen Seiten, doch sie saßen in der Falle.

Das mächtige Heer aus Qin wurde vernichtend geschlagen. Die Armee war umzingelt und wurde bis auf den letzten Mann niedergemetzelt. Während seine Männer zu Tausenden fielen, wurde General Meng Mingshi von einem Pfeil durchbohrt. Er hatte wohl keine Zeit mehr, sich seine Nachlässigkeit vorzuwerfen. Hätte er selbst Strategem XIII, »Auf das Gras schlagen, um die Schlagen aufzuschrecken«, angewandt und einen Erkundungstrupp vorausgeschickt, wäre die Schlacht mit Sicherheit anders verlaufen.

Doch nun waren die Würfel gefallen! Und Meng Mingshi blieb nur ein schmachvolles Ende.

借屍還魂

Strategem XIV

14

Einen Leichnam borgen und ihm neues Leben einhauchen

Kommentar

Was nützlich ist, bekommt man nicht [leicht] geliehen.
Was hingegen nicht zu gebrauchen ist, das gibt einem jeder zu leihen.
Nimm das absolut Nutzlose und setze es zu deinem Vorteil ein.
[Das Buch der Wandlungen sagt:]
»Nicht ich suche den jungen Toren, der junge Tor sucht mich.«

Erläuterung

Der Weise setzt sich selbst hintan, und doch kommt er voran.

Tao Te King, VII

Dieses Strategem ist vom typisch chinesischen Relativismus geprägt. Nichts ist je sicher, jede Situation kann sich stets in ihr Gegenteil verkehren. Alles ist ständig im Fluss, in Bewegung, wie ein Rad, das sich dreht: Jahreszeiten und Mondphasen folgen aufeinander. Die Stunden des Tages lösen einander ab. Dem Anfang folgt unweigerlich das Ende, dem Ende ein neuer Anfang – ohne Unterlass.

In einer »fließenden« Welt, in der Sieg jederzeit in eine Niederlage umschlagen kann und schmerzliche Verluste oft zu strahlendem Triumph führen, sind Ruhe und geistige Wachheit von entscheidender Bedeutung. Der geschickte Stratege lässt sich von Widrigkeiten nicht aus der Bahn werfen. Vielmehr kultiviert er seine Fähigkeit, auf die rechte Gelegenheit zu warten, um eine kritische Lage doch noch zu meistern. Dank dieser Einstellung achtet er aufmerksam auf alle Umstände, um am Ende alle günstigen Faktoren und unbekannten Elemente (»einen Leichnam borgen«) zu Tage zu fördern. Durch Tatkraft münzt er mangelnden Erfolg in einen Sieg um (»neues Leben einhauchen«). Wie Phönix steigt er aus der Asche.

Fiel eine alte Dynastie, wussten die neuen Herrscher stets, dass strategisch gesehen nicht militärische Stärke entschied, wer zum Nachfolger berufen wurde, sondern ob das Volk den künftigen Herrscher anerkannte. Dies ließ sich beeinflussen, indem man sich die Neigung des Volkes, am Hergebrachten festzuhalten, zunutze machte. Aus diesem Grund berief sich ein neuer Herrscher meist auf das gefallene Herrscherhaus, indem er vorgab, ein naher oder entfernter Verwandter des gestürzten Kaisers zu sein. War dies nicht möglich, setzte er auf die taoistische Strategie des »Sich-selbst-Hintanstellens, um voranzukommen«. Er setzte eine Marionette von kaiserlicher Herkunft auf den Thron, die seine Befehle ausführte. Wenn dann der »Schattenkaiser« die Fundamente für seine eigene Machtausübung gelegt hatte, konnte er sich der Marionette wieder entledigen.

Wie der Kommentar erläutert, setzt der kluge Stratege bei diesem Strategem Mittel ein, die niemand anderer für sich beansprucht, da sie als nutzlos gelten. Das zu verwenden, was jeder als nutzlos betrachtet, ist ein Grundsatz, der sich auch in Hexagramm 4, »Die Jugendtorheit«, widerspiegelt. Das zugehörige Bild zeigt einen Quell, dessen klares Wasser ungehindert aus dem Fuß eines Berges hervorsprudelt. Diese Art des Wassers wird mit dem Geist eines Kindes verglichen, der noch ohne Eindrücke und daher leicht zu lenken ist. Wenn ein Führer an Autorität verliert und falsche Entscheidungen trifft, kann ein entschlossener Untergebener in die Bresche springen. Dieser wird dem alten Führer dann zwar immer noch die nötige Achtung bezeugen, daneben aber eigene Ziele verfolgen. Umgekehrt können wir auch etwas »Nutzloses« einsetzen, zum Beispiel den »jungen Toren«, der noch nicht genug Erfahrung hat, um Manipulationsversuche zu durchschauen, und es unseren Zwecken dienstbar machen.

Es gibt viele Gelegenheiten, bei denen dieses Strategem das geeignete Mittel ist: Wir können eine Technik wieder aufleben lassen, die in Vergessenheit geraten ist, um sie zu neuen Zwecken zu nutzen. Auch für vergessene Objekte, die man längst für nutzlos hält, lassen sich neue Einsatzmöglichkeiten finden. Vergangenes kann wiederbelebt und neu interpretiert werden. So hauchen wir alten Ideen neues Leben ein. Im Geschäftsleben können wir unsere alten Strategien »offiziell« einer Überholung unterziehen (»einen Leichnam borgen«), um neue Geldgeber zu gewinnen, die Geschäfte zu beleben oder sich neu auf dem Markt zu positionieren (»neues Leben einhauchen«), während der Geist in Wirklichkeit der alte bleibt. Politisch hieße das beispielsweise: Man versucht, von der Wertschätzung der Menschen für Tradition (Werte wie Familie, Demokratie, Unterstützung der schlechter gestellten Schichten und so weiter) zu profitieren, indem man auf bestimmte altbewährte Parolen setzt. Das vergrößert den Rückhalt in der Bevölkerung, während der Politiker seine eigenen Ziele verfolgt.

Gibt es denn überhaupt etwas Neues unter der Sonne, etwas, das noch keine Gelegenheit hatte, in Vergessenheit zu geraten?

Was die Geschichte lehrt

Während sich am Horizont bereits die Gründung der Drei Reiche abzeichnete, stritten sich viele Parteien um die Vorherrschaft in den Territorien, die der schwankenden Han-Dynastie unterstanden. Ständig wurden neue Allianzen geknüpft, andere aufgelöst.

Nach der Schlacht am Roten Felsen (208 n. Chr.), am Mittellauf des Yangzi, bei der die Armee von Cao Cao zerschlagen wurde, richtete sich der Blick der beiden Sieger, Liu Bei (siehe Strategem XXXV, »Die Strategieverkettung«) und Sun Quan, auf die Region von Shu. Besonders Liu Bei verfolgte einen politischen Plan, zu dessen Verwirklichung die Unterwerfung Shus unumgänglich war: Liu Bei wollte eine eigene Dynastie gründen. Liu Beis eigenes Stammland war von den jahrelangen Auseinandersetzungen ausgelaugt, das Land schrie förmlich nach neuem Leben. Shu wäre der willkommene Jungbrunnen. Andererseits war es im Moment unmöglich, Shu zu erobern. Liu Beis Streitmacht war erlahmt. Realistisch betrachtet war es sinnvoll, diesen Plan auf später zu verschieben.

Die passende Gelegenheit ergab sich im Winter 214, als Cao Cao, der sich von der bitteren Niederlage erholt hatte und sein Reich vergrößern wollte, Hanzhong angriff.

Liu Zhang, der Verwalter von Yizhou im Reich Shu, das an Hanzhong angrenzte, fühlte sich bedroht: Cao Cao mochte sehr wohl nach der Eroberung von Hanzhong den Blick nach Shu wenden.

Und so suchte Liu Zhang auf Betreiben eines seiner Ratgeber den Kontakt zu Liu Bei und lud diesen nach Shu ein. Waren sie nicht beide Abkömmlinge der Han-Dynastie und von jeher erbitterte Feinde Cao Caos? Liu Zhang allerdings merkte nicht, dass sein Stab eigene Pläne hatte. Er war bei Offizieren und Untertanen gleichermaßen unbeliebt und galt als schwach und unfähig. Er hatte es nie verstanden, die Konflikte im Innern des Landes zu lösen, und so hatte sich sein Stab, unter dem Vorwand, die Hilfe Liu Beis zu erbitten, längst mit diesem abgesprochen, um Liu

Zhang endlich loszuwerden. Natürlich ließ Liu Bei sich diese Gelegenheit nicht entgehen. Er wartete seit Jahren darauf, »sich einen Leichnam zu borgen, um ihm neues Leben einzuhauchen«.

Und so zog er auf der Stelle mit seinen Truppen nach Shu. Dort empfing man ihn mit allen Ehren, die einem Verbündeten des Königs gebühren. Man versorgte ihn reichlich mit Vorräten und Waffen. Während man auf den Angriff Cao Caos wartete, blieb Liu Bei nicht untätig: Er gewann allmählich das Vertrauen des Volkes von Shu und die Unterstützung der Großgrundbesitzer.

Innerhalb von zwei Jahren gelang es ihm, den unfähigen Liu Zhang vom Thron zu stoßen, sich eine »Hausmacht« zu schaffen und damit die Grundlagen für das künftige Reich Shu zu schaffen, das im 3. Jahrhundert zu einem der Drei Reiche wurde.

Liu Bei nutzte die Situation im Reich Shu aus (»einen Leichnam borgen«), um dieses entschlossen wiederzubeleben (»neues Leben einhauchen«). Einige Jahre später nahm er den Titel eines Kaisers der Shu-Han-Dynastie an.

Zweifelsohne wurde das Strategem des Sich-einen-Leichnam-Borgens hier auf vollkommene Weise angewandt.

調虎離山

Strategem XV

Den Tiger vom Berg locken

Kommentar

Warten, bis [der Gegner] in Schwierigkeiten gerät,
dazu einen Mann als Köder einsetzen.
Auf [den Gegner] zugehen und scheinbare
»Schwierigkeiten« in Kauf nehmen.
Ihn [verleiten], [zu uns] zu kommen.

Erläuterung

»Tiger und Leopard werden zur Beute des Menschen, wenn sie ihre Höhle verlassen. Bleiben sie jedoch in ihrer Höhle, sind sie in der Position des Stärkeren.«

Guan Zhong

Wir sollten uns davor hüten, einen starken Gegner (»den Tiger«) anzugreifen, wenn dieser auch noch von den Umständen begünstigt wird (»der Berg«). Die Chinesen sagen, einen Tiger am Berg anzugreifen, heiße, ihm Flügel zu verleihen!

Dieses Strategem rät uns, einen starken Gegner niemals frontal auf eigenem Terrain anzugreifen. Vielmehr sollten wir ihn von dort weglocken, auf unbekanntes Gelände, wo er uns gegenüber keinen Vorteil mehr hat. Auf diese Weise machen wir ihn verwundbar und weniger wehrhaft. Dieses Prinzip erwähnt auch Sunzi in der *Kunst des Krieges* immer wieder.

Das Strategem bezieht sich ausdrücklich auf Hexagramm 39 im Buch der Wandlungen: »Das Hemmnis«. Sich auf ein Gebiet zu begeben, wo der Gegner sich uns gegenüber in vorteilhafter Position befindet, bedeutet, dass wir mit ernsthaften Verlusten rechnen müssen, wenn nicht sogar mit einer sicheren Niederlage. Wenn der kluge Stratege in eine ungünstige Position gerät, sieht er dies und befreit sich daraus. Er zieht sich ohne Zögern zurück, statt mit der vagen Aussicht auf einen günstigen Ausgang weiter vorzudringen. Er setzt seinen überlegenen Geist ein, um den Gegner zur Aufgabe seiner vorteilhaften Position zu bewegen und ihn auf für ihn weniger günstiges Gelände zu locken. Außerhalb seiner Höhle ist der Tiger verwundbar.

Der Kommentar empfiehlt uns, den Gegner indirekt anzugreifen. Und doch ist unser Rückzug nur ein scheinbarer: Es handelt sich vielmehr um einen geschickten Schachzug, mit dem wir uns aus einer akut schwierigen

Lage befreien. Um diese Situation in eine für uns günstige umzuwandeln, kann es manchmal von Nutzen sein, eine andere Person hinzuzuziehen, die für uns die Kastanien aus dem Feuer holt. Wir ernten danach die Lorbeeren.

Um einen Tiger aus seiner Höhle zu locken, müssen wir logischerweise zunächst einmal wissen, wo diese liegt. Dann können wir das Zentrum seiner Macht zum Einsturz bringen. Liegt dieses Zentrum in ihm selbst, müssen wir den Gegner ablenken und ihn aus der Reserve locken. Erst dann können wir uns auf einen Kampf einlassen. Liegt die Ursache seiner Stärke jedoch in seinen Beratern oder Verbündeten, müssen wir diese isolieren und neutralisieren.

Den Gegner aus seiner Höhle zu locken kann sich als schwierig erweisen. Dazu müssen wir zunächst einmal herausfinden, wie er »tickt«. Wir brauchen Köder, auf die er auch anspricht, um ihn in die Falle zu locken. Wir sollten versuchen, durch Vorspiegelung falscher Tatsachen sein Urteil zu trüben. Wenn er von cholerischer Natur ist, sollten wir ihn wütend machen. Wenn wir ihn dergestalt negativ beeinflussen, wird er unweigerlich aus dem Gleichgewicht geraten, und wir können dies zu unserem Vorteil nutzen.

Bei Verhandlungen oder politischen Debatten bedeutet dies beispielsweise, dass wir versuchen, unseren Gesprächspartner von jenen Gebieten abzulenken, in denen er besonders versiert ist, um mit ihm über Themen zu sprechen, die ihm weniger liegen oder die er – im Idealfall – lieber gemieden hätte.

Was die Geschichte lehrt

Der Untergang der Östlichen Han-Dynastie führte dazu, dass mehrere Potentaten versuchten, sich deren Herrschaftsgebiet durch Kriege zu sichern. Im Jahr 199 richtete Sun Ce, der Gouverneur von Guiji, einem Reich südlich vom Yangzi, seinen machtlüsternen Blick auf Luijiang, eine reiche und fruchtbare Region im Nordwesten. Sun Ce strebte die Kontrolle über das südliche China an, und so stellte Liu Xun, der mächtige Herrscher von Luijiang, für ihn ein Hindernis dar, das er unbedingt loswerden musste.

Die militärischen Berater Sun Ces schlossen eine direkte Konfrontation von vornherein aus, da diese viel zu riskant war und vermutlich scheitern würde. Tatsächlich wurden die einzigen Zugänge zum Reich Liu Xuns von dessen starkem Heer gut bewacht. Es war also besser, auf eine Strategie zu setzen, welche die Natur Liu Xuns ins Kalkül zog, der ein sehr hochmütiger und ehrgeiziger Mann war. Er strebte stets danach, seinen Reichtum zu mehren, und seine Machtgelüste richteten sich häufig auf die angrenzenden Regionen.

Und so kristallisierte sich allmählich das anzuwendende Strategem heraus. Man würde den Tiger aus seiner Höhle locken!

Sun Ce entsandte einen Sonderbotschafter an Liu Xuns Hof, der kostbare Geschenke mitbrachte und dem Herrscher einen Brief überbrachte, in dem zu lesen war:

»Hochverehrter Liu Xun, Eure Macht ist weit über die Grenzen Eures Reiches hinaus bekannt. Der Bote, den ich

Euch sende, soll meinen innigen Wunsch ausdrücken, dass zwischen Euch und mir gute Beziehungen herrschen mögen. Bedauerlicherweise konnte ich Euch nie persönlich aufsuchen, da die Truppen von Shangliao schon seit Jahren immer wieder in die schwächeren Staaten südlich des Yangzi einfallen. Mit dieser leidigen Situation und den daraus hervorgehenden Repressalien sind wir von jeher konfrontiert. Dieses so weit entfernte Land liegt jedoch weit außerhalb der Reichweite unseres kleinen Heeres, das sich mit dem Eurer Majestät nicht im Geringsten messen kann. Wenn also Eure Majestät Shangliao angreifen will, sind wir bereit, in dem bescheidenen Rahmen, der uns zur Verfügung steht, jede nur erdenkliche Hilfestellung zu leisten. Wenn Ihr eine solche Strafexpedition unternehmt, dann, so bin ich sicher, werdet Ihr Shangliao in kürzester Zeit erobert haben. Ihr könntet es Eurem mächtigen Reich angliedern und so den schwachen Staaten im Süden des Großen Flusses zu Hilfe eilen.«

Diese Schmeicheleien nahmen den ehrgeizigen Liu Xun auf der Stelle für den vorgetragenen Plan ein. Die wertvollen Geschenke sprachen sein gieriges Herz an. Außerdem lieferte Sun Ce ihm einen ausgezeichneten Vorwand, um das wohlhabende Shangliao anzugreifen. Hatte es je eine bessere Gelegenheit gegeben, neues Land und neue Reichtümer zu gewinnen und damit den eigenen Ruhm zu mehren? Warum sollte er also an der Ehrlichkeit des großzügigen Sun Ce zweifeln?

Die Offiziere Liu Xuns versuchten, ihren Herrscher von einem so kostspieligen Feldzug ungewissen Ausgangs abzubringen. Außerdem war ja nicht auszuschließen, dass Sun Ce eigene Pläne hegte, Luijiang zu erobern, sobald die Armee sich ins Heerlager nach Shangliao begeben hatte. Doch Liu Xun war Vernunftgründen nicht mehr länger zugänglich. Die Offiziere predigten tauben Ohren. Schmeicheleien und kostbare Geschenke hatten den gierigen und dummen Liu Xun in die von unserem Strategem gestellte Falle tappen lassen. Der Feldzug zur Eroberung von Shangliao musste unverzüglich in Angriff genommen werden!

Doch viele Wochen später bewahrheiteten sich die düsteren Vorhersagen von Liu Xuns Offizieren. Als der Großteil des Heeres in aufreibenden Aktionen gegen Shangliao gebunden war, nutzte Sun Ce die Gunst der Stunde, um Luijiang anzugreifen. Nur ein kleines Truppenkontingent konnte sich ihm entgegenstellen. Ohne auf großen Widerstand zu stoßen, zog er in die Hauptstadt ein.

In der Zwischenzeit scheiterte Liu Xun mit seinem Feldzug schmählich. Das geschlagene, dezimierte und demoralisierte Heer machte sich auf den Rückweg. Auf halbem Weg kamen ihm die Boten entgegen und verkündeten den Fall Luijiangs. Doch Liu Xun hatte kaum Gelegenheit, seine Einfältigkeit zu bedauern, als die Armee Sun Ces über ihn und seine Truppen herfiel.

Wie hätte er jetzt noch solch einem Angriff standhalten können?

Er war außer sich vor Zorn. Für Liu Xun war dies der Todesstoß! Aller Macht beraubt, blieb ihm nichts anderes übrig, als sich Cao Cao zu unterwerfen oder selbst Hand an sich zu legen. Liu Xun zog es vor, sich zu unterwerfen. Die

Anwendung dieses Strategems zeitigte also bei minimalem militärischem Aufwand einen durchschlagenden Erfolg und legte den Grundstein für die Entstehung eines der Drei Reiche, welche die Han-Dynastie ablösen sollten: des Reiches Wu.

欲擒故縱

Strategem XVI

16

Den Griff lockern, um dann umso fester zuzupacken

Kommentar

Wenn der Gegner in Wut gerät, mobilisiert er alle Kräfte.
Wenn man ihn aber gewähren lässt, lassen seine Kräfte nach.
Ihm auf den Fersen bleiben, ohne zu dicht aufzurücken.
Seine Kräfte ermüden. Ihm den Kampfgeist rauben.
Ihn gefangen nehmen, wenn er flieht.
[Auf diese Weise siegt man] über die gegnerischen Kräfte, ohne Blut zu vergießen.
[Das Buch der Wandlungen sagt:]
»Warten. Hast du Vertrauen, stellt sich erhabenes Gelingen ein.«

Erläuterung

Willst du etwas schmaler machen,
musst du es vorher sich ausweiten lassen.

Willst du etwas loswerden,
musst du es vorher aufblühen lassen.
Willst du etwas nehmen,
musst du vorher zulassen, dass es gegeben wird.
Das nennt man die subtile Wahrnehmung des So-Seins der Dinge.
Das Weiche überwindet das Harte.
Das Langsame überwindet das Schnelle.

Tao Te King, XXXVI

Was man nehmen will, das muss man zuerst loslassen. Wie beim Atmen: Wenn man ihn anhält, verliert man ihn. Wenn man ihn fließen lässt, gewinnt man ihn.

Das ganze Strategem spiegelt das taoistische Prinzip von der Kraftumkehr (*wei wu wei*) wider, die Yin-Yang-Verbindung zwischen Geben und Nehmen.

Anders als der gesunde Menschenverstand gemeinhin annimmt, rät uns dieses Strategem zur Zurückhaltung. Wir sollen unser Handeln zügeln, statt den Feind unverzüglich zu vernichten.

Hier handelt es sich um eine Form psychologischer Kriegsführung: Manchmal ist es besser, den Gegner zuerst loszulassen, um ihn dann besser packen zu können. Manchmal aber lässt man ihn auch los, um ihn gleich wieder zu fassen.

Wenn der Gegner die Faust im Nacken spürt, kommt es vor, dass er sich umdreht und mit der Kraft der Verzweiflung zum Gegenangriff ausholt. Wenn er in der Falle sitzt und keine Hoffnung mehr hat, dann wird er all seine Kräfte zusammennehmen und bis zum letzten Atemzug kämpfen. Um dies zu vermeiden, müssen wir den Gegner täuschen. Wir haben ihn in der Hand, doch wir gaukeln ihm einen möglichen Fluchtweg vor. Wir sind ihm auf den Fersen, doch wir stellen ihn nicht. Wir lassen ihm vielmehr Zeit zum Verschnaufen, aber ohne ihm die Flucht zu ermöglichen. Wir »lockern den Griff, um dann umso fester zuzupacken«. So gewinnt der Wunsch zu fliehen die Oberhand über seinen Kampfgeist. Seine Energie lässt nach. Wenn er begreift, dass sein Fluchtweg nur in der Einbildung existiert, wird er sich ohne Gegenwehr besiegen lassen, weil seine Kräfte erschöpft sind und seine Moral gebrochen.

Die strategische Atempause, die dem entscheidenden Angriff vorausgeht, ist Vorläuferin des »erhabenen Gelingens«, von dem in Hexagramm 5, »Das Warten«, die Rede ist. Das zugehörige Bild sieht die Wolken am Himmel aufsteigen. Wenn der richtige Moment gekommen ist, wird es regnen: Es gibt keine Möglichkeit, die Wolken zu zwingen, früher oder später Regen zu spenden. Wir können nur abwarten, bis der Augenblick gekommen ist, in dem unsere Bemühungen Frucht tragen, ob uns das nun gefällt oder nicht. Dasselbe Prinzip gilt beim Kampf. Es hat keinen Sinn, bestimmte Prozesse verlangsamen oder beschleunigen zu wollen. Auch wenn wir den Gegner in der Hand haben, müssen wir den richtigen Moment für einen Angriff abwarten.

Hier geht es allerdings nicht um passives Abwarten, sondern darum, die Situation weiter im Blick zu behalten, bis sie sich wie gewünscht entwickelt hat. Währenddessen bemüht man sich nach Möglichkeit, Moral und Kräfte des Feindes weiter zu unterminieren, doch ohne allzu sehr zu drängen. Der kluge Stratege hat es nicht eilig. Er setzt seine Kräfte nicht einfach ein, weil er sie besitzt. Vielmehr versteht er es, die richtige Gelegenheit abzuwarten und sich zu zügeln, wenn Handeln sinnlos oder kontraproduktiv wäre. Entschlossen verfolgt er seine Ziele, ohne Energie und Geld zu verschwenden. Der weniger begabte Stratege hingegen erträgt den Anschein von Gefahr nicht. Er kann nicht abwarten und will sofort etwas unternehmen.

Sunzi weist in der Kunst des Krieges darauf hin, dass ein Feind, dem alle Fluchtwege abgeschnitten sind, sich unter Aufbietung aller Kräfte verteidigen wird. Daher solle man den Feind nie vollständig umzingeln, damit dieser nicht im Glauben, mit dem Rücken zur Wand zu stehen, seine letzten Kräfte aufbietet.

Gilt dieses Prinzip nicht auch in der Pädagogik? Wenn man einem Kind ständig Vorwürfe macht und ihm nicht die Möglichkeit gibt, sich zu bessern, wird es als Erwachsener hart und unnachgiebig sein. Und auch bei Verhandlungen sollte man der gegnerischen Partei immer die Möglichkeit des Rückzugs lassen, damit sie ihr Gesicht wahren kann. Andernfalls müssen wir mit einem Kampf bis zum letzten Blutstropfen rechnen.

Daher sollten wir den Ratschlag dieses Strategems auch im Alltagsleben beherzigen. Auch die alten Römer kannten das Prinzip: *Ducunt fata volentem, nolentem trahunt.* »Wer dem Schicksal folgt, den führt es sanft. Wer sich ihm widersetzt, den schleift es mit.« Wenn wir uns dem Lauf der

Dinge anpassen, ohne ihn zwingen zu wollen, erfahren wir Heiterkeit und Zufriedenheit. Daher sollten wir uns dieses Prinzip ein für alle Mal zu eigen machen.

Was die Geschichte lehrt

Hier begegnen wir Zhuge Liang wieder, dem brillanten Militärstrategen, Kanzler des Reiches Shu während der Zeit der Drei Reiche. Zhuge Liang ging ob seines überragenden Verstandes und seiner weisen Voraussicht ins Reich der Legende ein.

Bei folgender Gelegenheit erwies Zhuge sich als wahrer Meister der psychologischen Kriegsführung: Ganze sieben Mal lockerte er den Griff, um dann umso fester zuzufassen. Auf diese Weise erzielte er eine ganze Reihe glänzender Siege!

Nach dem Tod des Kaisers Liu Bei im Jahr 223 war damit zu rechnen, dass sein Ableben Zhuges Rivalen aus Wei und Wu auf den Plan rufen würde. Zhuge nutzte die relative Ruhe vor dem Sturm, um im Süden des Reiches Shu gegen die barbarischen Man-Horden zu Felde zu ziehen, die dort raubten und plünderten. Nach dem Tod des Kaisers erhoben sich viele Stammesführer aus dem Südwesten Shus, die nicht länger Tributzahlungen leisten wollten. Dem musste Zhuge Liang entgegentreten und für Ruhe und Ordnung in der Region sorgen. Vor allem einer der Rebellen schien gefährlich: Meng Huo, ein ebenso mächtiger wie mutiger Stammesführer mit großer Anhängerschaft. Es bestand die Gefahr, dass sich ihm andere Stämme anschließen würden.

Zhuge Liang war klar, dass er die Barbarenstämme mit purer Kraftanstrengung allein nicht würde besiegen können. Außerdem wäre es ohnehin vorteilhafter, Meng Huo zum Bundesgenossen zu haben. Wenn man ihn für die Sache des Kaisers gewinnen könnte, würden die anderen Stämme ihm sicher folgen. Als Meisterstratege betrachtete Zhuge Liang zunächst einmal die Lage von allen Seiten. Er gedachte, Meng Huo mürbe zu machen, indem er ihn immer wieder gefangen nahm und freiließ, so lange, bis dessen Moral und Kampfgeist gebrochen wären.

Bei der ersten kriegerischen Auseinandersetzung wurde Meng Huo tatsächlich gefangen gesetzt, obwohl er an der Spitze eines zahlenmäßig weit überlegenen Barbarenheers stand. Zhuge Liang stellte ihm an einem Gebirgspass eine Falle. Trotz der Überheblichkeit seines Gegners behandelte Zhuge Liang ihn mit ausgesuchter Höflichkeit und führte ihn durch sein riesiges Heerlager, zeigte ihm die Ausrüstung seiner Armee und ließ ihn zum großen Erstaunen seiner Offiziere am Ende zusammen mit den anderen Gefangenen wieder frei.

Die Heerführer Meng Huos waren von Zhuge Liangs Menschlichkeit zutiefst beeindruckt. Und so konnten sie die mangelnde Dankbarkeit ihres Anführers nicht verstehen, der – kaum freigelassen – neue hinterhältige Angriffe plante. Die Generäle erkannten Zhuge Liangs strategische Überlegenheit und hielten es daher für geraten, sich ihm zu unterwerfen, um ihr Volk nicht weiteren Gefahren auszusetzen. Und so nahmen sie Meng Huo nach einer durchzechten Nacht gefangen und lieferten ihn an Zhuge Liang aus. Dieser zeigte sich einmal mehr großzügig. Nachdem er sich von den Generälen verabschiedet hatte, ließ er den Stammesführer Meng Huo wiederum frei.

Schon nach kurzer Zeit ersann Meng Huo eine neue List: Er schickte seinen Bruder mit hundert Mann zu Zhuge Liang und ließ diesem kostbare Geschenke überreichen, ihn gleichsam als Herrn anerkennend. Im Schutz der Nacht aber führte er einen Überraschungsangriff gegen Zhuge Liangs Heerlager. Das Strategem des Barbarenfürsten schien aufzugehen, doch das Ende entsprach nicht ganz seinen Erwartungen. Schließlich war Zhuge Liang kein Dummkopf. Als Meng Huo im Lager ankam, stellte sich ihm niemand in den Weg.

Hatte seine List etwa Früchte getragen? Nein, ganz sicher nicht.

Die Szenerie erschien ihm wenig beruhigend. Das Lager war verlassen. Er fand nur seinen Bruder mit seinen hundert Soldaten vor, die mittlerweile vollständig betrunken waren. Meng Huo begriff, dass er einmal mehr dem Genie Zhuge Liangs nicht gewachsen war.

Doch war dies keineswegs der letzte Akt des Dramas.

Gerade als Meng Huo sich mit seinem Trupp zurückziehen wollte, lösten sich Hunderte von Reitern aus dem Dunkel und kamen auf sie zu. Bald waren sie umzingelt. In der allgemeinen Verwirrung wandten sich Meng Huos Soldaten voller Panik zur Flucht, nur um alle Fluchtwege abgeschnitten zu finden. Man nahm sie gefangen. Meng Huo selbst gelang es, an einen nahen Fluss zu fliehen. Dort wartete ein Boot mit Kriegern seines Stammes auf ihn. Welch unglaublicher Glücksfall! So würde er am Ende doch entkommen. Doch kaum auf dem Boot, merkte er, dass er in die Hände feindlicher Soldaten gefallen war, die sich verkleidet hatten. Man hatte ihn einmal mehr überlistet! Alles, sogar seine Flucht, war vorausgeplant gewesen. Und so nahm Zhuge Liang den Barbarenführer ein weiteres Mal gefangen, nur um ihn dann zusammen mit seinem Bruder und den Offizieren seiner Truppen wieder freizulassen.

Die vierte Begegnung ließ nicht lange auf sich warten. Meng Huo rüstete ein hunderttausend Mann starkes Heer, das alle waffenfähigen Männer der südlichen Stämme versammelte. Sobald der Haufen auf sie losstürmte, zog sich das Heer von Shu zurück. Dies geschah mehrere Male, bis der Gegner vollständig ermattet war. Während der letzten Rückzugsbewegung bezog die Armee Zhuge Liangs eine strategisch günstige Position am Nordufer des Flusses. Um den Feind aufzuhalten, zerstörte man die einzige Brücke. Und so konnte Meng Huo der Armee aus Shu nicht nachsetzen, bevor er die Brücke nicht wieder instand gesetzt hatte. Dermaßen gedemütigt, kannte der Barbarenfürst nur noch den Wunsch nach Rache. Daher entging ihm, dass er bereits in die nächste Falle lief. Die Shu-Armee lauerte ihm am Nordufer des Flusses im Verborgenen auf. Kaum hatten sie übergesetzt, sahen sich Meng Huo und seine Soldaten erneut umzingelt. Von Panik ergriffen, flohen sie. Auch dieses Mal hatte Zhuge Liang keine Mühe, den Sieg zu erringen.

Meng Huo und seine Getreuen flüchteten sich Schutz suchend in einen nahen Wald. Und auf wen stießen sie mitten im Gehölz? Auf Zhuge Liang, der allein in einem kleinen Wagen mit Eskorte saß. Welch hervorragende Gelegenheit, um den überlegenen Feind endlich zu töten! Wie wilde Tiere stürzten Meng Huo und seine Leute auf den Kanzler los. Doch was war das? Der Boden unter ihren Füßen gab nach, und sie landeten in einer Fallgrube, die Zhuge Liang in weiser Voraussicht hatte anlegen lassen.

Welch ungeheure Erniedrigung!

Danach nahm Zhuge Liang sich Meng Huo vor und machte ihm Vorwürfe. Seine Gefolgschaft wies er auf die Einfältigkeit ihres Anführers hin. Dann aber ließ er alle wieder frei.

Die nächste günstige Gelegenheit für Zhuge Liang ergab sich, als einer der anderen Stammesführer, bewegt von der Milde des Kanzlers, zu ihm überlief. Tatsächlich gewann Zhuge Liang immer mehr Fürsprecher im Lager der Barbarenstämme. Also schmiedete man ein Komplott und lieferte Meng Huo aus. Der dafür verantwortliche Stammesführer wurde reich belohnt und mit besonderen Ämtern am kaiserlichen Hof ausgezeichnet. Meng Huo aber wurde wieder einmal freigelassen.

Doch dessen Kampfgeist und Leidenschaft waren noch nicht erloschen. Und so ersann er einen Plan, der Zhuge Liang glauben machen sollte, Meng Huos Schwager habe versucht, ihn zur Kapitulation zu bewegen. Also ließ Meng Huo sich mit vielen seiner Getreuen zum Schein gefangen nehmen und ins Lager Zhuge Liangs bringen. Dort wollte er dann einen Überraschungsangriff wagen. Würde diese List den Kanzler von Shu endlich besiegen? Natürlich nicht.

Kurz bevor sie am feindlichen Lager ankamen, wurden Meng Huo, sein Schwager und die angeblichen Gefangenen von zweitausend Soldaten der Armee Zhuge Liangs empfangen. Man durchsuchte sie und fand die versteckten Waffen. Was für ein kindisches Vorhaben! Erneut setzte man Meng Huo mit seinen Leuten gefangen und brachte ihn vor Zhuge Liang. Dieser aber ließ ihn einmal mehr frei, doch er versicherte ihm, ein siebtes Mal würde er keine Milde mehr walten lassen.

Kurz darauf beschloss Meng Huo, sich mit einem mächtigen Stammesführer aus der Gegend zu verbünden, Wu Tugu. Mit dessen dreißigtausend gut ausgerüsteten und ausgebildeten Soldaten würde es ihm wohl endlich gelingen, Zhuge Liang zu schlagen. Zu Beginn sah auch alles danach aus. Bei der ersten militärischen Auseinandersetzung zog Zhuge Liang den Kürzeren. Es folgte eine Reihe kleinerer Gefechte, bei denen die Soldaten aus Shu immer wieder den strategischen Rückzug antraten. Tatsächlich war dies die einzige Möglichkeit, den Feind zu besiegen: Man simulierte den Rückzug, um den Feind zum Nachsetzen zu verleiten. Früher oder später würde er so in einen Hinterhalt laufen. Und tatsächlich lockte die Shu-Armee den Gegner in eine langgestreckte Schlucht, die von steilen Felswänden flankiert wurde – der ideale Ort für einen Hinterhalt. Die Armee der Barbarenfürsten fühlte sich stark, hatte man das Heer aus Shu doch schon einmal geschlagen und trieb es nun scheinbar endlos vor sich her. Einmal in der Schlucht, saßen die Soldaten jedoch in der Falle. An Ein- und Ausgang der Schlucht versperrte man den Weg mit Baumstämmen und Felsbrocken.

Dieses Mal allerdings ließ Zhuge Liang keine Gnade walten. Die dreißigtausend Mann Wu Tugus wurden getötet. In der Zwischenzeit verbreiteten die Soldaten die Nachricht, Meng Huos Verbündeter habe gesiegt. Freudestrahlend zog Meng Huo an den Ort der Schlacht. Doch statt triumphierender Soldaten fand er nur unzählige Tote vor.

Zhuge Liang hatte offensichtlich Ernst gemacht.

Erneut wurde Meng Huo gefangen genommen und ins Lager der Shu gebracht. Dort bot man ihm ein siebtes Mal die Freiheit an. Dieses Mal gab Meng Huo unter Tränen auf. Jeder einzelne seiner Angriffe war durch die geschickte Taktik dieses überlegenen Strategen zunichtegemacht worden. An diesem Punkt schien ihm die Unterwerfung die einzige mögliche Lösung dieses Konflikts, und so schwor er dem Reich Shu die Treue.

Sieben Mal hatte Zhuge Liang »den Griff gelockert«. Am Ende hatte er das gewünschte Resultat erzielt. Er hatte Meng Huo und die südlichen Barbarenstämme gezähmt, und sein Einfluss erstreckte sich nun über weite Regionen Chinas.

抛磚引玉

Strategem XVII

17

Einen Ziegelstein werfen, um einen Jadestein zu erlangen

Kommentar
Gleiches zieht Gleiches an.
[Das Buch der Wandlungen sagt:]
»Jugendtorheit« wird bestraft.

Erläuterung
Wie sollte man ohne einladenden Köder einen Fisch fangen?

Chinesisches Sprichwort

Dieses Strategem lässt verschiedene Auslegungen zu. Im Kern geht es darum, vom Gegner möglichst viel zu bekommen, ohne ihm dafür allzu viel zu geben. Das Ziel ist, »einen Jadestein« (der für die Chinesen hohen Wert besaß) zu erlangen. Der »Ziegelstein« ist das Mittel zum Zweck.

Unser Strategem geht auf eine Begebenheit während der Tang-Zeit zurück. Damals besuchte der Dichter Zhao Gu den Tempel vom Geisterfels in Suzhou. Eine der lokalen Dichtergrößen, Chang Jian, wollte ihm daher unbedingt einige Verse entlocken. Also malte er noch vor Zhao Gus Ankunft zwei sehr schlecht geschriebene Verse auf die Wand neben dem Tor zum Tempel. Als Zhao Gu diese Verse las, die sein ästhetisches Empfinden beleidigten, konnte er nicht umhin und vervollständigte sie durch zwei kunstvoll geschriebene Zeilen zu einem Gedicht. Seit dieser Zeit heißt es, Chang Jian habe »einen Jadestein erlangt, indem er einen Ziegelstein warf«.

Wer einen simplen Ziegel gegen einen Jadestein eintauscht, macht mit Sicherheit ein vorteilhaftes Geschäft. Doch wie bringen wir unseren Gegner dazu, sich auf solch einen Handel einzulassen? Wir legen einen Köder aus, der auf den ersten Blick verlockend erscheint (»der Ziegelstein«) und dem Gegner leichte Beute verspricht. Nachdem er angebissen hat, bringen wir ihn dazu, im Austausch etwas wirklich Wertvolles (»den Jadestein«) zu geben.

Doch um solch einen verführerischen Köder auslegen zu können, müssen wir Illusion als Wirklichkeit erscheinen lassen. Genauso wichtig ist es, die Psychologie des Gegners zu verstehen. Hierfür liefert uns der Kommentar, der sich auf Hexagramm 4 des Buches der Wandlungen, »Die Jugendtorheit«, bezieht, den nötigen Schlüssel: Der »junge Tor«, genauer gesagt ein Mensch, der sich leicht beeinflussen lässt, der sich unentschlossen und schwachen Geistes zeigt, ist jederzeit bereit, Falsches für wahr, Fiktion für Wirklichkeit zu halten. Wer dieses Strategem nutzen will, sollte also möglichst effizient und entschlossen erscheinen. Denn wenn wir auf den »jungen Toren« nur zögerlich Druck ausüben, wird er sich vielleicht der Täuschung bewusst. Wir können einen unbedarften Gegner (den die Gier dazu treibt, alle Vorsicht außer Acht zu lassen) aber auch dadurch zu einer Fehleinschätzung verleiten, indem wir den Ziegelstein kostbarer erscheinen lassen, als er in Wirklichkeit ist. So geht er in die Falle und liefert sich uns selbst aus. Damit behalten wir bei unserem Schachzug stets die Kontrolle. Unser Gegenspieler lässt sich wie eine Marionette dirigieren, und wir tragen den Sieg davon, ohne kämpfen zu müssen.

Aber Vorsicht! Wenn der Gegner die ihm unterstellten Charakterzüge nicht besitzt, wird er uns auch nicht in die Falle gehen und schickt uns den Ziegelstein vermutlich postwendend zurück.

Dieses Strategem lässt sich heutzutage unschwer hinter allerlei Marketingstrategien ausmachen (Schlussverkauf, Vorteilsaktionen, niedriger Zinssatz bei Ratenkauf, »Nimm drei, zahl zwei!«, Rabattmarken und so weiter). Solcherlei Methoden sichern dem Verkäufer, der die Strategie geschickt anzuwenden weiß, hohe Umsätze.

Doch auch in Diskussionen lässt sich diese Strategie gewinnbringend einsetzen: Wenn wir beispielsweise unseren

Gegner mit leeren Phrasen überschütten, dabei aber sehr ernst und tiefgründig wirken. Unser Gesprächspartner, der nur wahrnimmt, dass er gar nichts versteht, lässt sich davon unter Umständen beeindrucken, vor allem, wenn er glaubt, so tun zu müssen, als verstünde er alles. In diesem Fall stünde das sinnlose Gerede für den »Ziegelstein«, während die Bewunderung des unerfahrenen Zuhörers für uns zur »Jade« wird.

Was die Geschichte lehrt

Um das Reich Jiao zu erobern, warf das Reich Chu im Jahr 700 v. Chr. »den Ziegelstein, um einen Jadestein zu erlangen«. Hätte man die Hauptstadt belagert, so hätte dies viel zu viel Geld und Kraft gekostet. Daher vertraute der Feldherr lieber auf die geschickte Anwendung dieses Strategems.

Man zog also vor die Hauptstadt von Jiao. Eines Abends machte sich aus dem Heerlager der Chu-Truppen ein Trupp Holzfäller auf, der in der Nähe des südlichen Stadttors Brennholz für die Lagerfeuer sammelte. Anders als üblich wurden diese Holzfäller nicht von bewaffneten Soldaten beschützt.

Die Soldaten von Jiao ließen sich nicht zweimal bitten und nahmen die Holzfäller gefangen.

Am nächsten Tag kam der nächste Holzfällertrupp, der in der Nähe der Stadttore nach Brennholz suchte. Die Soldaten aus Jiao machten sich einen Spaß daraus, sie einzufangen.

In Wirklichkeit aber handelte es sich um einen doppelten Hinterhalt: Ein Trupp Soldaten aus Chu lag vor den Stadtmauern auf der Lauer, während das Hauptkontingent des Heeres sich in Angriffsformation auf den Hügeln gesammelt hatte – außer Sicht.

In Kürze waren die Soldaten aus Jiao, die vor das südliche Stadttor hinausgezogen waren, umzingelt. Gleichzeitig stieß der Hauptteil der Streitmacht aus Chu auf das offen stehende Stadttor vor. Die Soldaten nahmen die Stadt schnell ein. Der Feind, vollkommen überrascht, war nicht imstande, den Truppen Widerstand zu leisten. Und so musste die Hauptstadt sich ergeben.

Der Feldzug wurde brillant zu Ende geführt. Die Hauptstadt von Jiao war gefallen.

Man hatte einen Ziegelstein geworfen (der Trupp Holzfäller), um die kostbare Jade (die Reichshauptstadt) zu gewinnen.

擒賊擒王

Strategem XVIII 18

Die Räuberbande unschädlich machen, indem man ihren Anführer fängt

Kommentar

Den harten Kern des Gegners unschädlich machen, den Anführer fangen.
Dann löst sich die gesamte Struktur [des Gegners] auf.
[Das Buch der Wandlungen sagt:]
»Drachen kämpfen auf dem Anger. Einer verliert seine Kraft.«

Erläuterung

Wenn der Baum fällt, zerstreuen die Affen sich in alle Winde.

Altchinesisches Sprichwort

Ein Organismus ohne Kopf ist nicht überlebensfähig: So könnte man das vorliegende Strategem zusammenfassen. Insofern ist der Führer so etwas wie die Wurzel einer Pflanze. Wenn wir sie aus dem Erdreich reißen, dann stirbt die Pflanze ab. Oder ganz prosaisch ausgedrückt: Wenn unser Gegner der Führerschaft beraubt ist, bricht sein Widerstand zusammen.

Mit »Führerschaft« ist dabei der Kopf der Organisation (»Räuberbande«) gemeint, ob dies nun ein Einzelner ist oder eine Gruppe (Vorstand, Hauptquartier).

Wenn wir unseren Gegner vernichtend schlagen wollen, so das Strategem, sollten wir »den harten Kern« des Gegners zerstören. Sonst, so meint ein chinesisches Sprichwort, lassen wir »den Tiger in seine Höhle zurückkehren«. Wir müssen also zuerst auszumachen versuchen, wer der »Hauptmann« ist, wer also die Entscheidungen trifft. Wenn wir die gegnerische Kommandostruktur durchschaut und den neuralgischen Punkt gefunden haben, sollten wir unsere Kräfte auf dieses wichtige Ziel konzentrieren.

Um den »Hauptmann« gefangen zu nehmen oder ihn auf andere Weise unschädlich zu machen, sollten wir versuchen, jene Mittel gegen ihn einzusetzen, die ihn zu dem gemacht haben, was er ist. Wir sollten seine Glaubwürdigkeit unterminieren, feststellen, wo seine Achillesferse liegt, und charakterliche Schwächen zu unserem Vorteil nutzen: Einige Handbücher schlagen gar vor, sich hierzu des Strategems XXXI zu bedienen, das weibliche Reize als Waffe ins Feld führt!

Sobald wir den Kopf handlungsunfähig gemacht haben, tritt unweigerlich ein Dominoeffekt ein, der alle Mitarbeiter beziehungsweise Untergebenen mit zu Fall bringt und die Situation entscheidend verändert.

Denn löst sich eine Kraft, deren Richtung und innere Ordnung, deren einendes Prinzip verloren ging, nicht etwa auf?

An diesem Punkt wird es keinen Widerstand mehr geben. Tür und Tor stehen offen, damit der Gegner von uns den Gnadenstoß empfängt.

Der außer Gefecht gesetzte Anführer ist der »Drache, dem die Kraft abhandengekommen ist«, wie Hexagramm 2, »Die Erde«, »Das Empfangende« dies darlegt. Man könnte es auch so sehen: Der Gegner (»Der Drache«), der Führerschaft beraubt, hat keine Kraft mehr. Er findet sich in aussichtsloser Position wieder, im »Drachenkampf« ist er ohne jede Chance.

Andererseits ist dieses Strategem nur dort sinnvoll einsetzbar, wo die Entscheidungen der gegnerischen Seite tatsächlich vollkommen zentralisiert sind und die gesamte Organisation von der Person ihres Führers abhängt. Hierin spiegelt sich die Struktur des kaiserlichen China, wo alle Macht in den Händen einer einzigen Person lag. Bei einem dezentralisierten »harten Kern«, bei dem Entscheidungsprozesse auf mehrere Personen oder Gruppen verteilt sind, ist die Anwendung dieses Strategems jedenfalls sehr viel schwieriger. Als müsse man gegen einen Drachen mit mehreren Köpfen kämpfen! Schlagen wir einen Kopf ab, kämpft der Drache unbeirrt weiter, vielleicht sogar mit neuen Kräften, weil er Rache nehmen will.

Was die Geschichte lehrt

Der kaisertreue General Zhang Xun hatte sich schon mehrfach durch kluge militärische Umsetzung der Strategeme ausgezeichnet. Mehr als einmal war es ihm gelungen, sein Geschick in einer Schlacht zu wenden, die für ihn alles andere als günstig stand (siehe Strategem VII, »Etwas aus dem Nichts schaffen«).

Während der Rebellion des An Lushan, die zu jener Zeit das Reich der Mitte schon seit mehreren Jahren erschütterte, treffen wir erneut auf diesen klugen Strategen – wie immer in höchster Bedrängnis: Er ist mit der Verteidigung der Stadt Suiyang betraut, Bollwerk der kaiserlichen Reihen.

Im Jahr 757 belagerte der aufständische General Yin Ziqi mit einhunderttausend Mann die strategisch wichtige Stadt Suiyang. Über Wochen hinweg kam es immer wieder zu grausamen Gefechten, die den Belagerten keinen Moment der Ruhe ließen. Zhang Xun gelang es zwar immer wieder, die Belagerer zurückzuwerfen, aber langsam gingen der Stadt die Lebensmittel aus. Es war keine Zeit mehr zu verlieren. Um die giftige Schlange unschädlich zu machen, musste ihr der Kopf abgehackt werden! Und so beschloss Zhang Xun, General Yin Ziqi zu töten, um der Rebellion den Lebensatem abzuschneiden.

In bester kriegerischer Tradition griff Zhang Xun nachts an. Er befahl seinen Truppen, sich ins gegnerische Lager zu schleichen, wo die Rebellen nach einer ausschweifenden Nacht schlafend lagen. In Minutenschnelle löste sich das ganze Heerlager in Chaos auf. Alles ging sehr schnell vor sich. Innerhalb weniger Stunden gelang es Zhang Xun und seinen Truppen, dem Gegner enorme Verluste zuzufügen: Viele Soldaten wurden getötet, etwa fünfzig Hauptleute der Rebellen ließ er köpfen.

Doch im Gewühl der Schlacht gelang es niemandem, Yin Ziqi ausfindig zu machen!

Wie sah er eigentlich aus? Und wo sollte man ihn suchen?

Denn nur wenn er das Leben verlöre, würde die Rebellion wirklich an Kraft einbüßen.

Wie aber sollten sie herausfinden, wer von den Soldaten der General war?

Da kam Zhang Xun eine geniale Idee.

Er befahl seinen Soldaten, auf die Schnelle Pfeile aus Edelraute herzustellen. Sobald die Rebellen merkten, dass sie mit Pfeilen beschossen wurden, die ihnen nicht einmal die Haut ritzten, fingen sie an zu jubeln. Offensichtlich hatten die kaiserlichen Truppen keine Pfeile mehr! Einige von ihnen eilten sofort auf einen Rebellen zu, der nicht weit entfernt auf einem Pferd saß. Ihm zeigten sie die falschen Pfeile: So fand man heraus, welcher der Soldaten General Yin Ziqi war.

Zhang Xun verlor keine Zeit. Er befahl seinem besten Bogenschützen, diesen Mann sofort mit einem starken Pfeil zu erschießen. Schon bohrte sich der Pfeil ins linke Auge des Generals, der dadurch fast zu Tode kam. Während ihm der Pfeil noch im Auge steckte, gab der General den Befehl zu einem verlustreichen Rückzug.

Für den Augenblick war wieder einmal eine der schlimmsten Bedrohungen für das Kaiserreich abgewehrt.

Strategien für den Scheinangriff

三十六計

釜底抽薪

Strategem XIX

19

Das Scheit unter dem Kessel hervorziehen

Kommentar
Sich der Stärke des Gegners nicht widersetzen, sondern deren Grundlage zerstören.
Im Einklang mit [dem Buch der Wandlungen, in dem es heißt:]
»Oben der Himmel, unten der See.«

Erläuterung
Um das Unkraut zu beseitigen, reiß es mit der Wurzel aus.

Chinesisches Sprichwort

Ein starkes Feuer brennt unter dem Kessel und bringt das Wasser zum Kochen. Die Kraft des Feuers richtet sich danach, wie viel Holz vorhanden ist. Wenn wir den Kessel mit bloßen Händen vom Feuer nehmen, verbrennen wir uns. Auch das Nachgießen von kaltem Wasser ist hier wenig hilfreich. Wollen wir also die Kraft des Feuers vermindern, entfernen wir am besten die Scheite. Dann können wir, sobald der Kessel abgekühlt ist, diesen vom Feuer nehmen.

Es hat wenig Sinn, sich mit einem mächtigen und kampfbereiten Gegner anzulegen (den glühend heißen Kessel vom lodernden Feuer zu nehmen). Besser ist es, wir finden heraus, worauf die Stärke des Gegners beruht, und versuchen, diese Schritt für Schritt abzubauen (das Holz vom Feuer nehmen).

Um dieses Strategem richtig anwenden zu können, müssen wir zuerst die Stärken des Gegners herausfinden und diesen dann die Spitze nehmen, indem wir ihn in eine schwierige Lage bringen. Wenn es beispielsweise seine Wirtschaftskraft ist, die ihn stark macht, müssen wir eine Situation schaffen, die ihn zu ungeplanten, seine Bilanz belastenden Geldausgaben verleitet. Wenn es sein ausgezeichneter Nachschub ist, dann müssen ebendiese Wege unterbrochen werden, sodass die Ressourcen des Gegners schrumpfen. Wenn kluge Berater die Grundlage der gegnerischen Stärke bilden, sollten wir versuchen, unter ihnen Zwietracht zu säen, damit die fruchtbare Zusammenarbeit gestört wird.

Wir gehen schrittweise und mit äußerster Vorsicht vor, um beim Gegner keinen Verdacht zu erregen. Wir lassen uns von seiner Stärke nicht beeindrucken und kappen ihm gleichsam die »Benzinleitung«. Dadurch untergraben wir seine Moral und seine Entschlossenheit. So bringen wir den Gegner ins Wanken. Dann haben wir »das Scheit unter dem Kessel hervorgezogen« und in dieser Auseinandersetzung das Blatt zu unseren Gunsten gewendet. Nun können wir mit derselben Leichtigkeit angreifen, mit der wir einen Kessel kaltes Wasser aufsetzen.

Das Strategem ist eine weitere Anwendung des taoistischen Prinzips der Schwäche, die letztlich das Starke besiegt. Sanftheit siegt über Gewalt. Nur so erhalten wir ein positives Ergebnis, ohne uns dabei zu verausgaben. Daher sollten wir uns dieses Prinzip durch gründliches Nachdenken zu eigen machen. Es ist in fast jeder Art der Auseinandersetzung nützlich.

Das Bild zu Hexagramm 10 des Buches der Wandlungen, »Das Auftreten«, zeigt uns »oben den Himmel, unten den See«. Damit ist die natürliche Lage der Dinge angesprochen. Zur Erläuterung wird folgendes Bild benutzt: »Mit leichtem Fuß auf den Schwanz eines Tigers treten, der nicht beißt.« Dies wird als Erfolg verheißende Strategie bezeichnet. Auf militärischem Gebiet wird mit dieser Metapher eine Möglichkeit beschrieben, wie man einen stärkeren Gegner besiegt. Das ist nur möglich, wenn man »leichten Fußes« auftritt, also auf natürliche Weise. Wir sollten keine größeren Schritte machen als sonst, mit Bedacht handeln und uns von der Stärke des Feindes (»des Tigers«) nicht beeindrucken lassen. So lässt sich eine an sich gefährliche Lage zum Guten zu wenden.

Was die Geschichte lehrt

Dieses Strategem wurde mit Erfolg angewandt in der Auseinandersetzung des kaiserlichen Generals Zhou Yafu mit den aufständischen Sieben Reichen.

Im Jahr 154 v. Chr. unter der Herrschaft der Östlichen Han-Dynastie beschlossen sieben tributpflichtige Staaten, sich gegen den Kaiser zu erheben.

General Zhou wurde die Aufgabe übertragen, den Aufstand niederzuschlagen. Liu Bei, der Herrscher von Wu, war der Oberbefehlshaber der sieben Staaten. Er marschierte auf den Staat Liang zu.

Zhou Yafu war über die Stärke des gegnerischen Heers wohl unterrichtet und vermied daher eine direkte Auseinandersetzung, die für beide Armeen wohl viel Blutvergießen bedeutet hätte.

Die militärische Erfahrung lehrt, dass ein Kampf zwischen zwei nahezu gleich starken Armeen nicht sinnvoll ist. Dies gilt natürlich erst recht, wenn der Gegner zahlenmäßig überlegen ist.

In diesem Fall war es besser, die Logistik des Gegners zu sabotieren, also ihm den Nachschub an Lebensmitteln und Waffen abzuschneiden. So wollte man die Aufständischen so sehr schwächen, dass sie von ihrem Angriff auf den Staat Liang ablassen würden.

Ebendiese Strategie wandte Zhou Yafu an. Er umging die gegnerische Nachhut und marschierte an der Spitze seines Heers in Windeseile an den Ort, an den die Lebensmittel und Waffen geliefert werden sollten. Dieses Areal riegelte er hermetisch ab. Sobald die Wagen mit dem Nachschub ankamen, schlug er zu und bemächtigte sich der fetten Beute.

Dann zog er mit seinem Heer auf die Hauptstadt von Liang zu.

Auf halbem Weg machte er Halt und bezog mit seinen Leuten eine Festung, in der er den Gegner erwartete. Seinem Kalkül zufolge würde dieser nicht lange auf sich warten lassen. Die Festung war von tiefen Gräben umgeben, die Zhou Yafu die Verteidigung erleichterten. Dann ließ er auf den hohen Bastionen Bogenschützen Stellung beziehen, die den ankommenden Gegner mit einem Pfeilhagel überziehen sollten.

Inzwischen erreichte die schlechte Nachricht das feindliche Heer, das erst vor kurzem die Belagerung der Hauptstadt Liangs aufgenommen hatte: Zhou Yafu hatte sich des Nachschubs bemächtigt.

Diese Nachricht löste bei den Aufständischen tiefe Besorgnis aus. Alle wussten, dass die Vorräte schon bedenklich zur Neige gingen. Und so hoben sie die Belagerung der Hauptstadt auf und marschierten auf die Festung zu. Sie wollten General Zhou Yafu für seine Kühnheit bestrafen und ihm auch das Diebesgut wieder abnehmen. Doch die Einnahme der Festung gestaltete sich weit schwieriger, als man gedacht hatte.

Der erste Angriff lief vollkommen ins Leere (dank des Strategems VI, »Geschrei im Osten, Angriff im Westen«). Außerdem erlaubte der Mangel an Waffen und Vorräten keine längere Belagerung.

Da sie auf eine solch erbitterte Verteidigung nicht gefasst waren, sank die Moral der Aufständischen schnell. Innerhalb weniger Tage mussten sie abziehen.

Auf diese Weise wurde die Rebellion niedergeschlagen.

混水摸魚

Strategem XX 20

Das Wasser aufwühlen, um den Fisch zu fangen

Kommentar

Sich der inneren Unordnung im Lager des Feindes bedienen, Vorteil aus seiner Verunsicherung und seiner strategischen Schwäche ziehen.

[Das Buch der Wandlungen schreibt:]

»Die Nachfolge. So kehrt [der Edle] zur Zeit des Abenddunkels zu Erholung und Ruhe ein.«

Erläuterung

Wer Unordnung im Lager des Gegners sät, wird Sieg ernten.

Tang Zhen

Dieses Strategem zeigt, wie wir Chaos und Unordnung zu unserem Vorteil nutzen können.

Hier wird auf das Bild des Fischzugs zurückgegriffen. Der Fisch verliert im aufgewühlten Wasser die Orientierung. Ein Gegner, der unentschlossen, desorganisiert und strategisch geschwächt ist, wird Schwierigkeiten haben, Wahres von Falschem zu unterscheiden, Schein von Sein.

Während Strategem V, »Im Schutze der Feuersbrunst plündern«, vorschlägt, eine für den Gegner schwierige Situation zu unseren Gunsten zu nutzen, geht es hier darum, eine solche Situation erst zu schaffen beziehungsweise zu verschärfen.

Wir wühlen also das Wasser auf, indem wir den Gegner verwirren, ihm ein falsches Bild der Situation vorgaukeln oder etwas Unerwartetes tun, das seine Aufmerksamkeit fesselt beziehungsweise ihn argwöhnisch werden lässt. Jedenfalls lenken unerwartete Ereignisse ihn vom eigentlichen Geschehen ab.

Im Grunde geht es um das Legen falscher Fährten, wie dies Börsenhaie und andere Zauberkünstler gerne tun. Sie lenken die Aufmerksamkeit des (investierenden) Publikums ab, damit niemand sein Augenmerk auf den Trick (oder das Betrugsmanöver) richtet. Das eigentliche Geschehen spielt sich also anderswo ab.

Sie machen sich den »blinden Fleck« in unserer Wahrnehmung zunutze, unsere Fehlbarkeit hinsichtlich der Einschätzung der realen Umstände, die sie uns oft genug falsch bewerten lässt. Diese Fehlbarkeit wird von Strategen immer wieder zum eigenen Vorteil genutzt, um den Gegner auf eine falsche Fährte zu locken.

Die Verwirrung (»das Wasser aufwühlen«) ist das A und O dieses Strategems. Der Gegner ist konfus und reagiert dementsprechend. Deshalb kann er seine gewohnten Mittel nicht einsetzen. Sobald wir ihn auf diese Weise verunsichert und strategisch aus dem Konzept gebracht haben, können wir ihn mit einem Überraschungsangriff besiegen.

Natürlich müssen wir dabei bedenken, dass auch die trübsten Wasser sich irgendwann wieder klären. Die Verwirrung des Gegners dauert nicht ewig. Daher müssen wir prompt reagieren, bevor er sich besinnen kann und merkt, was vorgeht.

Aus diesem Grund ist das Strategem mit Vorsicht anzuwenden. Wir sollten es nur einsetzen, wenn wir sicher sein können, den Gegner tatsächlich verwirren zu können.

Der Kommentar nimmt Hexagramm 17 des Buches der Wandlungen auf, »Die Nachfolge«. Das zugehörige Bild lautet: »Inmitten des Sees ist der Donner.« Wenn wir dieses Bild strategisch deuten, dann wühlt der Donner (das Strategem) das Wasser auf. Die Fische geraten in Verwirrung und folgen dem Stärkeren (»der Edle«). Von ihm lassen sie sich ohne Widerstand fangen.

So kann »der Edle«, also der kluge Stratege, Vorteil aus der geschaffenen Situation ziehen. Wenn er seine Ziele verwirklicht hat, kann er sich in Ruhe zurückziehen.

Was die Geschichte lehrt

In den historischen Anmerkungen zu Strategem IX, »Die Feuersbrunst am anderen Flussufer beobachten«, lernten wir den strategisch versierten General Cao Cao kennen, der sich den Kopf der Yuan-Brüder zu Füßen legen ließ, ohne selbst auch nur einen Finger dafür rühren zu müssen.

Zur Illustration des vorliegenden Strategems machen wir nun einen Schritt zurück zu den Ereignissen, welche der Anwendung von Strategem IX vorangingen: Cao Cao war ein erbitterter Feind des Vaters der beiden Yuan-Brüder, Yuan Shao. Bei der Schlacht von Guandu im Jahr 200 wurde Yuan Shao von Cao Cao vernichtend geschlagen. Später verlor er das Leben.

Die berühmte Schlacht von Guando sah zwei bedeutende Militärführer an der Spitze der feindlichen Heere: Cao Cao und Yuan Shao. Dabei waren die Kräfte zunächst ungleich verteilt. Yuan Shao hatte ein starkes Heer von einhunderttausend Mann um sich versammelt, während Cao Cao nur zwanzigtausend Soldaten und geringe Vorräte zur Verfügung standen.

Das Kräfteverhältnis fiel so ungleich aus, dass Cao Cao zu seinen berühmten Strategemen Zuflucht nehmen musste. Er brauchte eine Strategie, die ihm erlauben würde, einen scheinbar unbesiegbaren Gegner zu verwirren. Seine Taktik beruhte auf Schnelligkeit und Effizienz.

Als echter Strategieexperte entschied Cao Cao, im Schutz der Nacht tätig zu werden. An der Spitze eines gut ausgebildeten Trupps Soldaten, die als Fußsoldaten beziehungsweise Reiter Yuan Shaos verkleidet waren, begab er sich in das vom Feind kontrollierte Gebiet, um dessen Vorratslager aufzuspüren. Bald hatte er es gefunden: den Kornspeicher von Wucao. Da er unter der Flagge des feindlichen Heers marschierte, konnte er ohne Mühe die gegnerischen Verteidigungslinien durchschreiten. Plötzlich hielt ihn ein Bataillon von Yuan Shaos Soldaten an. Als man ihn nach seinem Woher und Wohin befragte, log er Yuans Soldaten vor, er sei Kommandant der vom Herzog von Shao angeforderten Soldaten zur Verstärkung der Nachhut. Der Anführer der gegnerischen Truppen glaubte ihm und ließ ihn passieren.

Somit war der erste Teil des Strategems, bei dem die Wasser aufgerührt werden sollten, erfolgreich angewandt worden.

Nun ging es darum, den Fisch zu fangen!

Cao Cao erreichte an der Spitze seiner Soldaten ohne Schwierigkeiten sein Ziel. Sie plünderten den Kornspeicher von Wucao. Dann legten sie Feuer. Auf diese Weise war das feindliche Heer vom Nachschub abgeschnitten. Wie es Strategem XIX so schön ausdrückt: Cao Cao hatte »das Scheit unter dem Kessel hervorgezogen«.

Als die feindlichen Soldaten merkten, dass die Flammen bis in den Himmel schlugen, eilten sie herbei.

Was zum Teufel war hier los?

Yuan Shao aber konnte seine Truppen nicht mehr sammeln. Viele Soldaten stürmten im Versuch, das Feuer zu löschen, an den Ort des Geschehens. Dort aber warteten die Soldaten Cao Caos. Inmitten der Rauchschwaden, die allen den Atem benahmen, ging er überraschend zum Angriff über.

Aus der Schlacht wurde ein wahres Gemetzel. Zahllose Soldaten und Offiziere verloren das Leben, noch bevor sie überhaupt merkten, dass sie in eine Falle getappt waren.

Nach dem Angriff entledigten sich Cao Cao und seine Truppen ihrer Verkleidung und verschwanden in der Nacht.

Mit dem Feuer und dem darauffolgenden Überraschungsangriff wurde der zweite Teil des Strategems, bei dem der Fisch gefangen werden muss, umgesetzt.

Damit aber war der Ausgang der kriegerischen Auseinandersetzungen vorgezeichnet.

Die massiven Verluste, vor allem auch an Lebensmitteln, deuteten auf eine vernichtende Niederlage Yuan Shaos hin. Und tatsächlich sollte diese auch nicht lange auf sich warten lassen.

金蟬脫殼

Strategem XXI 21

Die goldene Zikade wirft ihren Panzer ab

Kommentar

Den Schein wahren, um die eigene Macht zu bewahren.
Der Verbündete schöpft keinen Verdacht, der Feind bewegt sich nicht.
Nachgiebigkeit und Verspätung [führen, wie das Buch der Wandlungen sagt, zum] Verfall.

Erläuterung

Den Gegner durch Schein täuschen: Das ist der Kern dieser Strategie.

Altes strategisches Prinzip

Die alten Chinesen, die von jeher aufmerksame Naturbeobachter waren, studierten eingehend die Verwandlung der Larve zur Zikade: Das Insekt schlüpft aus seinem Panzer, lässt diesen zurück und fliegt weg. Nur zu leicht verwechselt man den leeren Panzer mit der Zikade selbst.

Im Laufe der Jahrhunderte wurde aus dieser Beobachtung eines der sechsunddreißig Strategeme abgeleitet, das vor allem dann hilfreich ist, wenn man einen Ausweg aus einer schwierigen Situation sucht, ohne dass der Gegner dies merken soll.

Aus einer solchen Zwickmühle kann man sich ganz leicht befreien, wenn man einen strategischen Strohmann einsetzt. So wie der Panzer der Zikade für das Insekt selbst gehalten wird, bleibt der Anschein gewahrt, eben weil der eigentliche Schachzug woanders erfolgt.

Es geht also nicht um eine überstürzte Flucht, sondern um einen getarnten Rückzug.

Wir halten die äußere Form (»den Panzer«) aufrecht, obwohl er seines Inhalts beraubt ist. Dadurch binden wir die Aufmerksamkeit des Gegners und können uns so aus unserer misslichen Lage befreien.

Wir verschleiern die tatsächlichen Geschehnisse und spielen mit der Verwechslung von Schale und Kern. Gleichzeitig stellen wir uns untätig, was uns einen weiteren Schutzschild verschafft.

Wenn wir aus strategischen Gründen den Schein wahren, ist dies eine Form der psychologischen Kriegsführung, die bewusst mit den Erwartungen des Gegners spielt. Wenn dieser mit unserer Anwesenheit an einem bestimmten Ort rechnet oder glaubt, wir würden eine ganz bestimmte Taktik anwenden, dann können wir ihn in dem Glauben wiegen, die Dinge lägen wirklich genauso, wie er annimmt. Doch in der Zwischenzeit arbeiten wir natürlich an der Verwirklichung unserer eigenen Pläne.

Da Scheinmanöver im Allgemeinen bald aufgedeckt werden, ist gutes Timing unabdingbare Voraussetzung für die erfolgreiche Anwendung dieses Strategems. Sobald der zeitliche Ablauf der Schlacht oder des Zweikampfes klar ist, müssen wir im richtigen Augenblick schnell intervenieren.

Jedes Zögern wäre hier verhängnisvoll.

Daher zeigt dieses Strategem nicht nur einen geschickten Fluchtweg auf, sondern ist auch das Mittel der Wahl, wenn es darum geht, im Schatten scheinbarer Verteidigungsmaßnahmen einen heimlichen Gegenangriff vorzubereiten. Wir lenken die Aufmerksamkeit des Gegners auf eine leere Hülle und erwecken dadurch einen falschen Eindruck. Denn in Wirklichkeit bereiten wir schon längst unseren Überraschungsangriff hinter den Linien des Gegners vor.

Dieses Strategem ist recht universell einsetzbar. So kann sich eine kleine Nation, die sich von einer mächtigeren bedroht fühlt, hinter diplomatischen Botschaften verstecken, während sie hinter den Kulissen nach Verbündeten sucht, mit denen man sogar einen gemeinsamen Angriff vorbereiten könnte. Im Geschäftsleben könnte ein in Schwierigkeiten geratenes Unternehmen, welches das Vertrauen des Marktes zurückgewinnen will, das »Gesicht« des Unternehmens erneuern, indem es seinen Vorstand (»den Panzer«) auswechselt, den Kern der Firma aber unangetastet lässt.

Der zentrale Punkt dieses Strategems liegt in der Beziehung zwischen Yin und Yang, in diesem Fall also zwischen Anwesenheit und Abwesenheit, Kern und Schale, Rückzug und Vorrücken. Darin spiegelt sich Hexagramm 18 wider, »Der Verfall« oder »Die Arbeit am Verdorbenen«. Das Bild zeigt uns eine Schüssel mit Nahrung, die von Maden befallen ist. Wenn wir in dieser Situation nicht tätig werden, dann ist die Speise tatsächlich »Madenfutter« und der Verfall unaufhaltsam. Wenn wir jedoch entschlossen einschreiten und ein gutes Timing sowie kluge Überlegung beweisen, dann können wir die ungünstige Situation ohne Reibungen auflösen, allerdings nur dann, wenn wir uns nicht einfach entspannt zurücklehnen. Wir dürfen nicht zögern zu handeln, sondern müssen den richtigen Moment zu nutzen wissen. Wenn die Zikade aus Angst, ihr Panzer könnte sich als zu fest erweisen, nicht rechtzeitig schlüpft, erstickt sie und wird selbst zum Madenfutter. Wenn sie jedoch rechtzeitig und voller Tatkraft handelt, dann lernt sie fliegen. Das Buch der Wandlungen sagt uns also, dass es immer einen Ausweg aus schwierigen Situationen gibt, wenn man sich nur nicht ins Bockshorn jagen lässt.

Was die Geschichte lehrt

Ende des 12. Jahrhunderts, als Kaiser Ningzong aus der Song-Dynastie den Thron bestieg, flammten die Feindseligkeiten mit dem Reich Jin erneut mit aller Härte auf.

1206 überzogen sie das ganze Land. Trotzdem gelang es den Song-Truppen, die Invasion aus Jin wiederholt zurückzuschlagen. Der Song-General Bi Zaiyu hielt die Moral seiner tapferen Soldaten aufrecht, indem er andauernd die Kriegstrommeln schlagen ließ. So stachelte er ihren Kampfesmut an.

Doch an einem bestimmten Punkt wurde die Situation kritisch. Die Song-Soldaten fanden sich von einer Armee umzingelt, die ihnen zahlenmäßig weit überlegen war. In dieser Situation den offenen Kampf zu wagen, hätte den sicheren Untergang bedeutet. Angesichts dieser Lage war das Sinnvollste ein verdeckter Rückzug. Er sollte sich der Aufmerksamkeit der Jin entziehen, damit die Sicherheit der Song-Truppen gewährleistet blieb. Denn gerade Soldaten auf dem Rückzug gelten als leicht zu besiegender Gegner. Nicht selten kam es bei solchen Gelegenheiten zu wahren Metzeleien. Man musste also etwas zurücklassen, das die Aufmerksamkeit des Gegners von den eigenen Truppenbewegungen ablenkte und so ein Nachsetzen verhinderte. Die Song versuchten also einen heimlichen Rückzug.

Auf Seiten der Jin-Truppen herrschte bereits eine gewisse Verwirrung. Aus dem Lager der Song erklangen die Kriegstrommeln mit einer Heftigkeit, als stünde ein Angriff unmittelbar bevor, doch in den gegnerischen Reihen bewegte sich nichts.

Was war da los?

Die Jin kannten General Bi Zaiyu als klugen Strategen, der eine ganze Reihe listenreicher Kniffe und Finten zu seinem Vorteil einzusetzen wusste. Also blieben sie wachsam, denn die Befehlshaber wollten ihre Soldaten nicht auf gut Glück auf einen so undurchsichtigen Gegner hetzen.

Die Ereignisse der Nacht ließen das Misstrauen weiter wachsen: Die Trommeln erklangen ohne Unterlass, ein Wald von Standarten erhob sich und kündete von einem kampfbereiten Heer. Die Jin-Armee machte sich bereit und erwartete den Ansturm des Feindes.

Doch die Zeit verging, und kein Song ließ sich blicken. Der Klang der Trommeln ließ aber Zweifel aufkommen. Der Angriff stand mit Sicherheit unmittelbar bevor.

Was hatten die Song nur vor? Warum ließen sie sich mit dem Angriff so lange Zeit?

Einige Tage lang verharrten die Jin so – auf den Angriff des Feindes wartend. Dann plötzlich brach das frenetische Trommeln ab.

Was ging nur vor im Lager der Song?

Man entsandte einen Erkundungstrupp. Die Männer sollten unentdeckt durch die feindlichen Linien schleichen, um herauszufinden, was die Song planten.

Doch sobald sie im Lager der Song ankamen, wurde ihnen klar, dass jede Vorsichtsmaßnahme überflüssig gewesen war.

Denn dort sahen sie etwas, mit dem sie nicht gerechnet hatten:

Das Lager war leer!

Die Zelte waren verlassen. Die einzig lebenden Wesen waren Ziegen, die man mit den Hinterfüßen an die untersten Äste der Bäume gehängt hatte. Mit den Vorderfüßen schlugen sie reflexhaft auf die vor ihnen baumelnden Trommeln ein! Das also war der geheimnisvolle Lärm der letzten Tage. Mittlerweile waren die armen Tiere allerdings so erschöpft, dass sie reglos an den Bäumen hingen.

Welche Schmach! Sich von Huftieren blenden zu lassen, die die Kriegstrommeln schlugen. Der Lärm hatte den Rückzug der Armee gedeckt, die mittlerweile außer Reichweite war.

Auch hier erwies sich die Anwendung des Strategems als entscheidender Schachzug.

關門捉賊

Strategem XXII 22

**Die Tür schließen,
um den Dieb zu fangen**

Kommentar
Den weniger gefährlichen Gegner in eine schwierige Situation bringen.
[Das Buch der Wandlungen sagt:]
»Die Zersplitterung. Nicht fördernd ist es, wohin zu gehen.«

Erläuterung
Wenn dein Heer dem gegnerischen zehnfach überlegen ist, umzingle ihn.
Ist es ihm fünffach überlegen, greif an.
Ist es ihm zweifach überlegen, teile die gegnerischen Kräfte.

Sunzi

Strategem XVI empfahl, den Griff zu lockern, um dann umso fester zuzupacken. Diese Strategie ist anders gelagert: Wir schließen den Gegner ein, um ihm jeden Fluchtweg abzuschneiden, sodass ein Rückzug unmöglich wird.

Strategem XXII setzt bestimmte Bedingungen voraus. So muss der Gegner, den wir umzingeln wollen, uns unterlegen sein: Wenn wir »den Dieb fangen« wollen, muss dies mit minimalem Energieaufwand geschehen. Wir müssen schnell und entschlossen zugreifen können.

Sodann müssen wir eine Umgebung wählen, in der wir »die Tür schließen« können. Wir müssen den Gegner also physisch beziehungsweise mental in eine Falle locken, aus der er nicht mehr entkommen kann.

Dass der Gegner uns einfach so von selbst auf den Leim geht, ist eher unwahrscheinlich. Wir müssen ihn also anlocken, indem wir uns den Umständen, seinem Rhythmus, seiner Psychologie, seinem Gemütszustand anpassen. Wir müssen seine Absichten ebenso ins Kalkül ziehen wie seine Wünsche oder Ängste. Die Tür wird in ebenjenem Augenblick »geschlossen«, in dem der Feind, der »Dieb«, uns in die Falle gegangen ist. Jetzt können wir sie zuschnappen lassen. Wir lassen dem Gegner keine Luft mehr zum Atmen, sondern setzen ihn mit Hilfe unserer erdrückenden Übermacht schachmatt. Dies ist für den Triumph ganz wesentlich.

Natürlich müssen im entscheidenden Moment auch »Fenster und andere Schlupflöcher« hermetisch verriegelt werden. Wenn wir in diesem Punkt nachlässig sind, kann es geschehen, dass der Gegner sich erholt. Ein chinesisches Sprichwort besagt, dass das in die Enge getriebene Tier bis zum letzten Atemzug kämpft. Solange der Gegner auch nur eine geringe Chance zu entkommen sieht, wird er weiterkämpfen. Erkennt er jedoch, dass es keinen Ausweg gibt, wird er sich ergeben.

Es wäre ferner ein Fehler, den Gegner entkommen zu lassen: Auf diese Weise wird er bald wieder Kräfte sammeln und auf Rache sinnen. Gelingt ihm die Flucht aber doch, sollten wir ihm nicht nachsetzen. Wie heißt es doch in Hexagramm 23 des Buches der Wandlungen? »Nicht fördernd ist es, wohin zu gehen.« Denn in diesem Fall ist der Gegner »kleiner« als wir. Er hat es leichter zu entschlüpfen. In diesem Fall wäre das Spiel der Kräfte ein anderes geworden, und der Gegner säße am längeren Hebel. Wollten wir ihm nachsetzen, würden wir dadurch nur unsere Kräfte »zersplittern« und vielleicht sogar in einen Hinterhalt laufen. In diesem Fall scheint es geraten, Vorsicht walten zu lassen und sein Glück nicht erzwingen zu wollen. Diesen Aspekt sollten wir gründlich verinnerlichen.

Das vorliegende Strategem lässt sich nicht nur gegenüber unterlegenen Gegnern einsetzen, die »weniger gefährlich« sind. Auch ein stärkerer Gegner lässt sich besiegen, indem man seine Kräfte zersplittert. Mit einiger Geschicklichkeit können wir ihn trotzdem in die Falle locken.

Was die Geschichte lehrt

221 v. Chr. kam es während der Zeit der Streitenden Reiche zu einer entscheidenden Schlacht zwischen dem Reich Qin

und dem Reich Zhao: der Schlacht von Changping. Bai Qi sollte die Qin-Truppen ins Feld führen. Er hatte alles gut vorbereitet. Seine Spione hatten ihm ausreichend Informationen geliefert, um in der Hauptstadt von Zhao Gerüchte über General Lian Po in Umlauf zu setzen, dem einzigen Befehlshaber auf Seiten der Zhao, der ihm hätte Paroli bieten können. Nachdem er Lian Po auf diese Weise außer Gefecht gesetzt hatte, gelang es Bai Qi sogar, die Wahl des Nachfolgers zu manipulieren: Zhao Kuo war ein Mann von bescheidenen Gaben, der seiner neuen Aufgabe nicht gewachsen war. Seine strategischen Kenntnisse waren rein theoretischer Natur. Er hatte nie wirklich praktische Erfahrungen sammeln können. Und so führte er ein Heer von vierhunderttausend Mann in den Untergang.

Bai Qi hatte also die optimalen Voraussetzungen geschaffen, um »die Tür zu schließen und den Dieb zu fangen« und so das Reich Zhao zu besiegen.

Zunächst einmal wiegte er die Truppen von Zhao Kuo in Sicherheit: Er ließ sie die erste Schlacht gewinnen – zehntausend Mann aus Zhao gegen dreitausend Mann aus Qin. So gewann der Gegner den Eindruck, er sei mächtiger, als er in Wirklichkeit war. Zhao Kuo befahl seinen Truppen, ihre Festungen zu verlassen und auf Changping zu marschieren, wo Bai Qi die Falle zuschnappen ließ.

Denn plötzlich tauchten zwanzigtausend Reiter der Qin-Armee wie aus dem Nichts auf und griffen die Truppen aus Zhao an. Mit dieser Überraschungsaktion gelang es ihnen, den Feind von seinem Hauptstützpunkt abzuschneiden. Alle Boten, die um Verstärkung oder Nachschub ausgesandt wurden, fing man ab. Gleichzeitig griffen fünftausend Qin-Reiter die nahe Zhao-Garnison an. Die Fußsoldaten schlossen den Kreis um die Garnison.

So nahm man die Zhao sechsundvierzig Tage lang in die Zange. Das Heer aus Qin beschränkte sich darauf, die Belagerung aufrechtzuerhalten, ohne sich auf Kampfhandlungen einzulassen. Natürlich versuchte die Garnison, die Belagerung zu durchbrechen, doch vergeblich.

Die Zhao-Soldaten durchlebten harte Tage ohne Verpflegung und ohne Waffen. Am Ende waren sie so weit, das Messer zu ziehen, um einem Kameraden eine halbe Handvoll Reis abzunehmen. In einem letzten verzweifelten Versuch, die Belagerung zu durchbrechen, griff Zhao Kuo mit fünftausend Mann an und fand den Tod. Mit allen fünftausend Soldaten.

Nun ergaben sich die Truppen aus Zhao. Bai Qi ließ keine Gnade walten und stürzte sich auf den gebrochenen Gegner.

Vierhunderttausend Mann wurden hingeschlachtet.

Dieses entsetzliche Gemetzel war mit Sicherheit das grausamste Beispiel für die Anwendung des Strategems »Die Tür schließen, um den Dieb zu fangen«.

遠交近攻

Strategem XXIII 23

Bündnisse mit fernen Partnern eingehen, um Feinde in der Nachbarschaft anzugreifen

Kommentar
Wenn die Situation blockiert ist und unsere Kräfte nicht ausreichen,
den Sieg bei den Nachbarn suchen und die Gefahren fernhalten.
[Das Buch der Wandlungen sagt:]
»Oben das Feuer, unten der See.«

Erläuterung
Teile das Bett, aber nicht den Traum.
Chinesisches Sprichwort

Im vorliegenden Strategem geht es um die Bedeutung strategischer Bündnisse, mit deren Hilfe wir größere Unternehmungen in Angriff nehmen und Gegner in bedeutsamer Position herausfordern können.

Wenn wir einen entscheidenden Terraingewinn verzeichnen wollen, müssen wir unser Vorgehen gründlich planen.

Wir sollten uns nicht in Kämpfe mit weit entfernten Gegnern verstricken: Müssen wir nämlich durch fremdkontrolliertes Gebiet, stoßen wir auf unkalkulierbare Risiken, die darüber hinaus noch viele Energien binden. Es ist daher sehr viel klüger, mit weit entfernten Parteien, die in den aktuellen Konflikt nicht verwickelt sind, kurzfristige diplomatische Bündnisse einzugehen. Dadurch sichern wir uns deren Unterstützung oder zumindest deren Neutralität, was dem Gegner wiederum mögliche Bündnispartner nimmt. So isolieren wir unsere Feinde in der unmittelbaren Nachbarschaft.

Gleichzeitig vermeiden wir Versorgungsprobleme und schaffen die Grundlage für künftige Siege, denn sobald wir »die Feinde in der Nachbarschaft« angegriffen haben, werden die »fernen Bündnispartner« zu den neuen »Feinden in der Nachbarschaft«: Angriff, Sieg, Integration, Konsolidierung, neuer Angriff. Die Zeit, die der ferne Bündnispartner braucht, um zu erkennen, dass wir dieses Strategem auf ihn anwenden, wird zu seinem Todesurteil. Er wird umso überraschter sein, als er sich ja in Sicherheit wiegt. Wir greifen unsere »nahen Feinde« an, und er beruhigt sich mit dem Gedanken, dass wir ja schließlich mit ihm verbündet sind.

Das Prinzip, das hinter diesem Strategem steht, wird in den Kampfkünsten – vor allem im Aikido – gerne angewandt, wenn es darum geht, gegen mehrere Gegner gleichzeitig zu kämpfen. Mit einigen geschickten Bewegungen isoliert man den schwächsten Gegner, indem wir ihn zwischen uns und den besseren gegnerischen Kämpfer in Stellung bringen. Dieser muss nun mit den gewollten Angriffen unsererseits ebenso fertig werden wie mit unbeabsichtigten Schlägen seines Verbündeten. Diese Taktik wenden wir so lange an, bis der schwächere Gegner aufgibt. Dann können wir uns dem anderen zuwenden. Würden wir uns hingegen sofort auf den Stärkeren stürzen, könnte ihm der Schwächere Unterstützung leisten.

Die besten Bündnisse sind solche, die unsere Interessen langfristig sichern. Die besten Bündnispartner hingegen jene, die nicht unmittelbar in unserer Umgebung operieren oder zu unserem Apparat gehören. Denn früher oder später wird es zwischen uns und unseren Bündnispartnern zu Differenzen kommen. Solche Meinungsverschiedenheiten können sich zu ernsthaften Problemen entwickeln. Dann wird aus dem Bündnispartner ein neuer Gegner. Sind die Bündnispartner jedoch weit entfernt von uns, haben solche Differenzen kein besonderes Gewicht.

Sowohl auf politisch-diplomatischem als auch auf militärischem Gebiet weiß man, wie schwierig Bündnisse zwischen benachbarten Nationen sind. Bündnisse zwischen geografisch weit voneinander entfernten Staaten hingegen haben für gewöhnlich Bestand, selbst wenn die Staaten unterschiedlichen politischen Systemen angehören.

Ferner warnt das Strategem, dass man sowohl in der Geschäftswelt als auch im sozialen Leben jederzeit von Partnern oder Freunden verraten werden kann. Wir sollten uns keinesfalls einbilden, dass unsere Beziehungen hier eine Ausnahme darstellen.

Interessanterweise wurde China gerade durch die Anwendung dieses Strategems zum ersten Mal in seiner Geschichte zu einem Reich geeint (siehe dazu *Was die Geschichte lehrt*).

Auch dieses Strategem spielt mit der Polarität von Yin und Yang (Freund – Feind, nah – fern, Konzentration – Verteilung). Der strategische Hintergrund dieser Bündnisse beruht auf der Vorstellung, dass auch Menschen, die so verschieden sind wie Feuer und Wasser, zum allgemeinen Wohl zusammenarbeiten können. Diese Idee spiegelt sich auch in Hexagramm 38 des Buches der Wandlungen, »Der Gegensatz«, wider. Das zugehörige Bild lautet: »Oben das Feuer, unten der See«. Dies weist auf eine Lage hin, die von Kontrasten und Unterschieden geprägt ist. Doch wer damit umgehen kann, kann daraus trotzdem seinen Vorteil ziehen. Auch in der Natur haben wir es ja stets mit widerstreitenden Kräften zu tun, deren Dynamik dasselbe Ziel hat: Die Gegensätze von Himmel und Erde bringen das Leben hervor. Mann und Frau sind die gegensätzlichen Pole der Menschheit, die jedoch den Wunsch nach Leben und Wachsen teilen. Die zahllosen Wesen im Universum entwickeln sich trotz ihrer Verschiedenartigkeit in dieselbe Richtung.

Der kluge Stratege weiß sich diese Opposition zunutze zu machen, indem er kurzfristig eine dieser Kräfte zu seiner Verbündeten macht. Oder indem er im richtigen Moment eine Verbindung zwischen zwei Gegnern stiftet, um deren Einfluss auf ein bestimmtes Gebiet zu sichern. Aus diesem Grund haben wir zur Erläuterung auf ein chinesisches Sprichwort verwiesen: »Teile das Bett, aber nicht den Traum.« Man kann durchaus mehrere Wege einschlagen, um ein bestimmtes Ziel zu erreichen.

Was die Geschichte lehrt

Die Ausdehnung des Reiches Qin wurde möglich durch die logische und erbarmungslose Anwendung des Strategems XXIII durch den berühmtesten Staatsmann aus der Zeit der Streitenden Reiche, den Kanzler Fan Sui aus Qin.

Die blutige Zeit der Streitenden Reiche war geprägt durch andauernde Kämpfe zwischen den sieben Reichen und ständig wechselnde Allianzen.

Gegen Ende des Jahres 240 v. Chr. hielt Ying Zheng, der Herrscher von Qin, die Zeit für gekommen, seinen Wunsch nach einer Einheit Chinas unter seiner Flagge zu erfüllen. Obwohl er über das größte und mächtigste der sieben Reiche herrschte, konnte er es sich nicht leisten, allein gegen die Front der anderen sechs Reiche zu stehen. Daher überlegte er zuerst, das ferne Reich Qi anzugreifen. Würde er dort siegen, so würde ihm dies großen Ruhm eintragen. Die anderen Reiche wären eingeschüchtert.

Doch Fan Sui machte seinen Souverän darauf aufmerksam, dass das Reich Qi weit entfernt lag und von seinem durch die Reiche Han und Wei getrennt war. Niemals würde er Qi mit einer kleinen Armee besiegen können. Und die Aufstellung eines mächtigen Heeres hätte Unsummen verschlungen. Außerdem barg eine so aufwendige militärische Aktion unzählige Risiken. Und selbst nach einem Sieg wäre das weit entfernt gelegene Gebiet, das von Qin durch zwei andere Staaten getrennt war, nur schwer zu kontrollieren. Also schlug Fan Sui eine sehr viel effizientere Strategie vor: Man solle die feindlichen Heere der Reihe nach ausschalten und das Strategem von dem Bündnis mit dem fernen Partner zum Angriff auf den nahen Feind anwenden. Es ging also darum, mit zwei weit entfernt liegenden Reichen – Qi und Chu – strategische Allianzen einzugehen. Dann könnte man unter einem Vorwand zwei benachbarte Staaten – Han und Wei – angreifen. Diese beiden – Han und Wei – würden dann im Zangengriff zwischen Qin einerseits sowie Qi und Chu andererseits aufgerieben. Sobald man sich also die Macht in den zentralen Staaten gesichert hätte, befände man sich in einer geopolitisch vorteilhaften Schlüsselposition. Dann könnte das Reich Qin sein Augenmerk auf die neuen »Nachbarn« richten, nämlich auf Zhao und Chu. In diesem Fall würde sich das Reich Chu vom »alten Bündnispartner« zum »neuen Gegner« wandeln. Dann würde man das Bündnis mit Chu unter einem Vorwand aufkündigen, um eine neue Allianz mit dem Reich Yan einzugehen. Das alte Bündnis mit dem Reich Qi aber sollte erneuert werden. Damit würde sich der Vorgang wiederholen. War Chu erst erobert, würde es nicht weiter schwerfallen, sich auch das Reich Zhao einzuverleiben, das dann nichts weiter als eine Enklave im Innern des Reiches Qin wäre. Dann käme der

Staat Yan an die Reihe. Am Ende würde man sich dem ältesten Bündnispartner zuwenden: Qi.

Alle kriegerischen Handlungen wurden von diesem strategischen Plan diktiert. Der Herrscher von Qin musste seine Bündnispartner nur davon überzeugen, dass die diplomatischen Beziehungen zu ihnen auf einer ganz besonderen Freundschaft beruhten. Auf diese Weise gelang es ihm, die Feinde Qins zu zersplittern, sodass sie keine Front mehr gegen ihn bilden konnten, selbst wenn sie den Zweck seiner militärischen Bewegungen erahnen sollten.

Der Herrscher von Qin wendete die von Fan Sui entwickelte brillante Strategie an.

Und alles kam genau so, wie Fan Sui es vorhergesagt hatte.

Es folgte eine unglaubliche Serie von Siegen, bei denen nacheinander alle feindlichen Reiche besiegt wurden: 230 v. Chr. Han, 225 v. Chr. Wei, 223 v. Chr. Chu, 222 v. Chr. Zhao (wie in Strategem XXII, »Die Tür schließen, um den Dieb zu fangen«, dargestellt) und Yan, 221 v. Chr. Qi, der letzte der Verbündeten. Am Ende hatte Qin keinen einzigen Gegner mehr.

Innerhalb von nicht einmal zehn Jahren hatte dieses Strategem also erlaubt, China unter der Herrschaft der Qin-Dynastie zu einen.

假道伐虢

Strategem XXIV

24

Vorgeben, auf der Durchreise zu sein, um Guo zu erobern

Kommentar

Sich verstellen, um zwischen zwei mächtigen Gegnern die eigenen Kräfte zu stärken.

[Das Buch der Wandlungen sagt:]

»Die Bedrängnis. Wenn man etwas zu sagen hat, wird es nicht geglaubt.«

Erläuterung

Ohne Lippen ist den Zähnen kalt.

Altchinesisches Sprichwort

Dieses Strategem entstand in der Frühlings- und Herbstepoche (siehe *Was die Geschichte lehrt*). Auch hier geht es darum, wie wir vorgehen können, wenn wir uns mit mehr als einem Gegner konfrontiert sehen. Denn gegen mehrere Feinde gleichzeitig zu kämpfen, ist nicht besonders klug. Damit wir Herr der Situation bleiben, müssen wir uns einen Gegner nach dem anderen vornehmen. Das vorangehende Strategem empfahl uns, Bündnispartner in der Ferne zu suchen, wenn wir einen Nachbarn angreifen wollen. Hier hingegen nutzen wir die Ressourcen und die strategische Lage eines Bündnispartners, um einen gemeinsamen Feind zu attackieren.

Der Schlüssel dazu ist die Vortäuschung der Durchreise. Wenn wir also zugunsten eines Bündnispartners tätig werden, der von einem gemeinsamen Feind vermeintlich oder tatsächlich bedroht wird, haben wir einen optimalen Vorwand, wenn wir ihm scheinbar unsere Hilfe anbieten. Wir können seine Ressourcen und seine strategische Position nutzen, um den gemeinsamen Gegner anzugreifen. Doch sobald dieser besiegt ist, richten wir unsere Aufmerksamkeit auf den einstigen Bündnispartner: Sobald wir uns im Innern seines Reiches befinden, wird es uns nicht weiter schwerfallen, seine Ressourcen gegen ihn selbst einzusetzen und die Kontrolle über die Situation zu erlangen, ohne dass er es überhaupt merkt. Auf diese Weise erweitern wir unsere Einflusssphäre um beide Reiche, ohne selbst viel dafür tun zu müssen.

Das Strategem spielt mit den Gegensätzen von Nehmen und Verleihen, Regelmäßigkeit und Überraschung, Konzentration und Zersplitterung, Bündnisse eingehen und brechen.

Dieselbe Idee spricht aus Hexagramm 47 des Buches der Wandlungen: »Die Bedrängnis«. Das zugehörige Bild lautet: »Im See ist kein Wasser.« Wir finden uns also in einer Zeit der Bedrängnis wieder. Wir sitzen sozusagen zwischen zwei Feinden in der Klemme. Der See wird dem Mund zugerechnet, das Wasser steht für die Lüge. Wenn wir uns in einer wenig vorteilhaften Situation befinden, sollten wir in erster Linie Ruhe bewahren und auf unsere inneren Ressourcen bauen. Dann sollten wir die Umstände richtig einschätzen, sodass wir das Vertrauen des Gegners gewinnen. Gelingt uns dies aber nicht, werden unsere Lügen unglaubwürdig klingen und ihren Zweck nicht erfüllen.

Obwohl das Strategem auf den ersten Blick den Verrat zu empfehlen scheint, lässt es sich auch zum Vorteil unseres Partners einsetzen. Jedes Mal nämlich, wenn wir jemanden zu unserem Boten oder Repräsentanten machen, tun wir so, als seien wir »auf der Durchreise, um Guo anzugreifen«. Ob wir nun einen Rechtsanwalt, einen Sprecher, einen Agenten oder Vertreter bestellen, die uns aus einer Notlage befreien und sich die Verfolgung unserer Ziele auf ihre Fahnen schreiben, wenden wir dieses Strategem an – zum Nutzen aller.

Was die Geschichte lehrt

Während der Frühlings- und Herbstepoche grenzte das Reich Jin an die kleineren Reiche Yu und Guo an. Sie waren einander, wie es im Sprichwort so schön heißt, »so nahe wie

Lippen und Zähne«. 658 v. Chr. fiel es Xian, dem Herzog von Jin, ein, diese beiden Reiche dem seinen anzugliedern. Doch diese Operation durfte keinesfalls überstürzt erfolgen. Denn wenn er Yu angriffe, würde Guo mit Sicherheit dem kleinen Nachbarstaat zu Hilfe eilen. Um hingegen Guo anzugreifen, hätte Xians Heer Yu durchqueren müssen. Vielleicht aber würde das Reich Yu den Truppen aus Jin den Durchmarsch verwehren. Oder es würde sich zusammen mit Guo zum Gegenangriff rüsten. Wie mächtig der Staat Jin auch sein mochte, er hätte sich nicht mit der vereinten Kraft zweier Gegner anlegen können.

Was also war zu tun?

Xun Xi, der Kanzler von Jin, schlug dem Herzog ein kluges Strategem vor. Er sollte das Vertrauen des Herzogs von Yu gewinnen, indem er dessen Habgier zu seinem Vorteil nutzte. Er würde ihm viele kostbare Dinge, unter anderem edle Vollblutpferde, zum Geschenk machen. Wenn er dann noch die alte Feindschaft zwischen Yu und Guo anstachelte, würde der Herzog von Yu Xians Truppen den Durchmarsch nach Guo nicht verweigern. Andererseits müsste sich Xian wegen der wertvollen Geschenke keine Sorgen machen, denn diese würden sich bald wieder in seinem Besitz befinden, versicherte ihm Xun Xi.

Der Herzog von Jin stimmte dem Plan zu und gab sich Mühe, das von seinem Kanzler ersonnene Strategem umzusetzen.

Tatsächlich verlief alles nach Plan. Nachdem es Yu durchquert hatte, eroberte das Jin-Heer die Stadt Xianyang im Reich Guo.

Bald darauf bat der Herzog von Jin erneut um die Erlaubnis zum Durchmarsch seiner Truppen, die sich auf dem Weg nach Guo befänden. Der Herzog von Yu war einverstanden. Doch sein kluger Kanzler Gongzhiqi machte ihn darauf aufmerksam, dass das Schicksal von Yu und Guo eng miteinander verknüpft sei, so nah, wie Lippen und Zähne einander stünden: Ohne Lippen wäre den Zähnen kalt. Wäre Guo erst vernichtet, würde Yu ihm bald folgen. Es wäre daher besser, dem Reich Guo beizustehen, als den Truppen aus Jin erneut den Durchmarsch zu gewähren. Doch der Herzog von Yu war noch von den kostbaren Geschenken geblendet. Er vertraute dem Herzog von Jin und missachtete den Rat seines Kanzlers. Also erlaubte er den Truppen aus Jin erneut den Durchmarsch durch sein Land.

Gongzhiqi ging mit seiner Familie außer Landes.

Er hatte die Entwicklung ganz richtig vorhergesehen: Innerhalb von vier Monaten hatte das Heer aus Jin sowohl Guo als auch Yu erobert.

Nach dem Sieg in Guo machte sich die Jin-Armee auf den Rückmarsch. Man bat den Herzog von Yu, in seinem Land für kurze Zeit das Lager zur Rast aufschlagen zu dürfen. Der Herzog von Yu hegte keinerlei Verdacht. Ganz im Gegenteil, er zeigte sich sogar glücklich, einen so mächtigen Verbündeten zu haben, und sagte zu. Sobald die Truppen aus Jin sich in Yu niedergelassen hatten, führten sie auch schon den ersten Angriff. Die Armee des Herzogs von Yu wurde vollkommen überrascht. Chaos brach aus. Die Soldaten hatten keine Zeit zu reagieren. In Windeseile war die Hauptstadt erobert. Unter diesen Bedingungen war der

Sieg ein Kinderspiel. Tatsächlich beanspruchte die ganze Operation nur einen Vormittag.

Der Herzog von Yu, der sich von seiner Gier hatte leiten lassen, fand ausreichend Gelegenheit, seine Naivität zu bedauern.

Der Herzog von Jin aber nahm seine kostbaren Geschenke wieder an sich und bemerkte sarkastisch, sein Thronschatz sei letzten Endes zwar unangetastet geblieben, doch seine Vollblutpferde hätten nun zwei Zähne mehr.

Strategien für die Vorwärtsbewegung

三十六計

偷樑換柱

Strategem XXV

25

Den Firstbalken rauben, die Säulen auswechseln

Kommentar

Die gegnerische Armee zu ständigem Stellungswechsel [zwingen],
um die Organisation der feindlichen Kräfte zu behindern.
Nachdem man sie so an den Rand der Niederlage geführt hat, die Situation zum eigenen Vorteil nutzen.
[Das Buch der Wandlungen sagt:]
»Er hemmt seine Räder.«

Erläuterung

Nimm auf die Aufstellung der gegnerischen Kräfte Einfluss, ohne die deinige preiszugeben.

Sunzi

Das Strategem bezieht sich auf die Bauweise der traditionellen chinesischen Häuser mit ihren Säulen und Firstbalken. Wenn es uns gelingt, die Stützbalken des Hauses durch Balken aus schlechtem Holz zu ersetzen, wird es beim ersten Sturm einstürzen.

»Firstbalken und Säulen« meinen die Stützpfeiler der gegnerischen Macht, die sozusagen das Rückgrat des Gegners bilden. Wenn wir dieses schwächen können, wird sein »Haus« baufällig. In diesem Augenblick setzen wir mit einem Überraschungsangriff nach, um das gegnerische Gebäude zum »Einsturz« zu bringen wie altes Gemäuer.

»Den Firstbalken rauben« – das bedeutet, dass wir durch Sabotageakte wichtige Elemente der gegnerischen Verteidigung ausschalten. Wir entfernen gleichsam den Schlussstein des Gewölbes, ob dies nun Bündnisse mit wichtigen Partnern sind oder zentrale innere Organisationsstrukturen. »Die Säulen auswechseln« heißt, dass wir die »Stützen« auf unsere Seite ziehen. Wir werben dem Gegner seine wichtigsten Berater ab und überzeugen diese, für uns zu arbeiten. Gelingt es uns dann noch, in diese Schlüsselpositionen unsere »Agenten« einzuschleusen – ob nun bei unserem Feind direkt oder bei seinen Bündnispartnern –, ist die Anwendung des Strategems vollkommen. Dann können wir den Gegner von innen her kontrollieren. Wo er vorher stark war, liegen nun seine Schwachpunkte. Aus dieser Situation müssen wir Gewinn schlagen, sobald sich die ersten Anzeichen von Schwäche zeigen. Dann ist die Zeit gekommen, einen wirksamen Angriff vorzutragen, der den Gegner in die Knie zwingt.

Dieses Strategem zeigt deutlich, dass ein kluger Stratege nicht nur seine eigenen Kräfte richtig einzusetzen weiß, sondern aus der Kenntnis der Psychologie seines Gegners sowie der Kunst des Krieges auch auf den Aufmarsch des Feindes Einfluss zu nehmen weiß. Der Stratege beobachtet, wie der Feind Stellung bezieht. Er versucht, seine Strategie zu erraten, und ahnt daher, wo und mit welcher Taktik er seine besten Einheiten ins Feld führen wird. Den Modus Operandi des Gegners macht er sich zunutze, ändert die Regeln, nach denen dieser spielt, und verleitet ihn so zu einer Fehleinschätzung der Lage. Damit zwingt er ihn immer wieder zum Stellungswechsel. Er neutralisiert also den wichtigsten Teil der gegnerischen Formation und beraubt ihn seiner tragenden Stützen. Der Gegner gibt die Initiative ab, der kluge Stratege führt ihn von nun an am Gängelband dorthin, wo er ihn haben will. Durch undurchschaubare Manöver zwingt er seinen Gegner immer wieder, die Geschlossenheit der eigenen Formation preiszugeben. Er muss seine Kräfte zersplittern und die eigene Aufstellung ständig an andere Situationen anpassen. Und schon ist der Firstbalken angesägt, schon schwanken die tragenden Säulen. Erst wenn der Gegner vollständig desorientiert ist, führen wir den entscheidenden Angriff.

Dieses Manöver ähnelt dem »Hemmen der Räder«, wie es in Hexagramm 64 des Buches der Wandlungen heißt, »Vor der Vollendung«. Der Wagen wird aufgehalten, noch bevor er das Ziel erreicht. Wir haben ihn blockiert, er kann nicht mehr vorwärts. Strategisch betrachtet ist der Gegner der »Wagen« und seine Aufstellung dessen

»Räder«.* Wenn wir einen Ast durch die Speichen stecken, kann das Rad sich nicht mehr drehen, und wir lenken die Bewegung des Karrens. Wir bringen die zentralen Achsen der gegnerischen Formation unter unsere Kontrolle, sodass wir den Feind verwirren und besiegen können.

Wie groß ein Haus auch immer sein mag, wenn wir den Firstbalken wegnehmen und die tragenden Säulen auswechseln, wird es einstürzen.

Was die Geschichte lehrt

Bei der historischen Erläuterung zu Strategem XX, »Das Wasser aufwühlen, um den Fisch zu fangen«, wurden wir Zeuge, wie Cao Cao den Ausgang der Schlacht von Guandu im Jahr 200 zu seinen Gunsten beeinflussen konnte.

Doch Cao Cao besiegte Yuan Shao auch an anderer Front. Noch bevor die entscheidende Schlacht geschlagen wurde, gelang es ihm, die Belagerung der Stadt Baima zu durchbrechen. Gerade im Hinblick auf das vorliegende Strategem ist sein Vorgehen dabei aufschlussreich.

Am Fluss bei Guandu standen sich also Cao Cao und Yuan Shao mit ihren Armeen gegenüber.

---

* Die typische Militärformation des alten China hatte eine Hauptachse, die man »Säule des Himmels« nannte. Diese zog sich von der ersten Reihe der Vorhut bis zur letzten der Nachhut. Daneben gab es noch eine horizontale Achse, die man »Achse der Erde« nannte. Diese verband die rechte und die linke Flanke der Armee.

Die Generäle Guo Tu, Chun Yuqiong und Yuan Liang befehligten das Heer von Yuan Shao, das den Truppen Cao Caos zahlenmäßig weit überlegen war. Mit aller Kraft rannten sie gegen die belagerte Stadt Baima an, die von General Liu Yan gehalten wurde. Gleichzeitig machte sich ein Heer unter dem Kommando von Yuan Shao auf, den Gelben Fluss zu überschreiten und gegen die Stadt Liyang zu marschieren.

Cao Cao musste also unbedingt den Belagerungsring um Baima durchbrechen, doch die gegnerischen Kräfte waren zu stark.

Daher schlug ihm sein Militärberater Xun You die Anwendung eines Strategems vor. Der Sieg hing letztlich davon ab, ob es gelang, die Streitkräfte Yuan Shaos zu zersplittern. Wenn Cao Cao Yanjin erreichen könnte und dort so täte, als wolle er den Gelben Fluss überqueren, um die gegnerische Nachhut anzugreifen, dann wäre Yuan Shao gezwungen, einen Teil seiner Truppen nach Westen zu schicken. Dann hätten Cao Caos Fußsoldaten es leicht, einen Überraschungsangriff auf die Belagerer von Baima zu führen.

Die Strategie von Xun You ging auf.

Sobald Yuan Shao die Nachricht überbracht wurde, das Heer Cao Caos mache sich daran, über den Gelben Fluss zu setzen, teilte er seine Soldaten in zwei Gruppen auf und marschierte mit einer von ihnen nach Westen. Cao Cao zögerte nicht und marschierte sofort auf Baima zu, um General Liu Yan zu Hilfe zu eilen. Die Belagerer waren von dem Angriff so überrascht, dass es ihnen nicht gelang, ihre

Verteidigung zu organisieren. Nach der Befreiung Baimas rollte General Yuan Liangs Kopf. So wurde der Weg frei für den endgültigen Sieg über Yuan Shao.

指桑罵槐

Strategem XXVI

Mit dem Finger auf den Maulbeerbaum zeigen, um den Pagodenbaum zu tadeln

Kommentar

Das Schwache muss durch Ermahnung vom Starken gelenkt werden.

[Das Buch der Wandlungen sagt:]

»Die Kraft sammelt sich in der Mitte; dann ist die Reaktion angemessen.

Innerhalb Gefahr und außerhalb Gehorsam.«

Erläuterung

Töte das Huhn, um den Affen zu erschrecken.

Chinesisches Sprichwort

Dieses Strategem setzt auf die indirekte psychologische Manipulation des Gegners.

Um unerwünschte Verhaltensweisen wie Ungehorsam und Befehlsverweigerung bei seinen Untergebenen zu vermeiden, setzt eine Führungspersönlichkeit auch negative Anreize (wie Verwarnungen, Vorwürfe, Drohungen, Vorwarnungen etc.) ein.

Hier geht es um Disziplin, Zusammenhalt und organisatorische Effizienz.

Eine Führungspersönlichkeit zeigt ihren Untergebenen sowohl anhand von Beispielen als auch indirekten Hinweisen, welches Verhalten erwünscht ist – ohne dies zur Diskussion zu stellen. Der Untergebene wird sich fügen, weil er weiß, dass er anderenfalls mit Konsequenzen zu rechnen hat.

Natürlich gilt dies auch für Auseinandersetzungen mit dem Feind: In bestimmten Situationen zeigt der kluge Stratege seine Kraft, damit sich der Gegner eingeschüchtert zurückzieht. Auch solche psychologischen Niederlagen können einen Gegner veranlassen, seine Strategie aufzugeben, sodass seine Bewegungen mit Leichtigkeit kontrolliert werden können. Stets geht es darum, selbst das Ruder in den Händen zu behalten.

Die Kunst, durch die Blume zu sprechen, ist im Osten zur Lebensmaxime geworden. Dort wird alles indirekt gesagt, vor allem wenn es um Unangenehmes geht. Wenn also eine abwesende Person kritisiert wird, ist in Wirklichkeit einer der Anwesenden gemeint. So lässt sich sagen, was zu sagen ist, ohne es auf eine direkte Auseinandersetzung ankommen zu lassen. Denn eine direkte Konfrontation birgt immer Risiken.

In Wirklichkeit stellt dieses Strategem also eine Form der Verhaltenstherapie dar. Wie diszipliniert der Untergebene (der Schwache) ist, hängt stets und in erster Linie vom richtigen und unparteiischen Verhalten der Führungspersönlichkeit (des Starken) ab und von einem System von Belohnung und Strafe (positive und negative Verstärkung). Ohne klare und strenge Regeln kann sich eine Führungspersönlichkeit nicht die Achtung seiner Untergebenen verdienen. Fehlt es an Respekt, werden Befehle nicht ausgeführt. Andererseits führt übermäßige Strenge zu mangelnder Zufriedenheit, was wiederum dem Prestige der Führungspersönlichkeit schadet. Es geht also nicht nur um negative, sondern auch um positive Anreize. Dies sollten wir keinesfalls aus den Augen verlieren.

Das Strategem beruht auf Hexagramm 7 des Buches der Wandlungen, »Der Kriegsherr«. Das zugehörige Bild führt uns das Wasser (die Gefahr) inmitten der Erde (die Unterwerfung) vor Augen. Die Stärke des militärischen Führers erwächst ihm aus dem Gehorsam seiner Untergebenen. Aus diesem Grund braucht die Führungspersönlichkeit zwar eine klare Linie, um auch in schweren Zeiten den Erfolg sichern zu können, doch muss er sich seinen Leuten gegenüber auch großzügig zeigen können. Wenn er auf diese Weise ihr Wohlwollen gewinnt, werden sie ihm aus Überzeugung folgen und nicht aus Zwang. Dann beseelt ein einziger Wille die ganze Armee.

Was die Geschichte lehrt

Während der Frühlings- und Herbstepoche marschierte die vereinte Armee der Herzogtümer Jin und Yan gegen das Reich Qi und entriss diesem mehrere Gebiete.

Der Herzog von Qi setzte sofort alles daran, diese zurückzugewinnen. Zum Kommandanten seines Heeres ernannte er General Tian Rangju. Zhuang Jia, ein enger Vertrauter des Herzogs, wurde hingegen zum Leutnant ernannt. Ihm oblag die Überwachung der militärischen Aktionen.

Tian Rangju und Zhuang Jia vereinbarten, die Manöver am nächsten Tag um die Mittagsstunde beginnen zu lassen.

Am nächsten Tag aber war von Zhuang Jia zur vereinbarten Zeit nichts zu sehen. Tiang Rangju verlor keine Zeit: Er ließ das Heer aufmarschieren, gab Offizieren und Soldaten die notwendigen Anweisungen und teilte den Männern ihre Aufgaben zu.

Zhuang Jia ließ sich erst am Abend blicken und trug eine hochmütige Miene zur Schau. Voll Adelsstolz hatte er sich nicht einmal die Mühe gemacht, über einen Schlachtplan nachzudenken. Er war davon überzeugt, dass schon seine Stellung ihn aller Pflichten enthebe. Und so entschuldigte er sich nur flüchtig für seine Verspätung mit dem Hinweis, dass die Abschiedsfeier, die Familie und Freunde für ihn gegeben hätten, länger als vorgesehen gedauert habe.

Dieses Gebaren erboste Tian Rangju. Schließlich reicht schon ein einziger Wurm, um einen Apfel schlecht zu machen! Und so rief er dem Aristokraten ins Gedächtnis, dass ein Offizier alle Familienangelegenheiten zu vergessen habe, sobald er den Marschbefehl erhält, vor allem wenn der Feind schon auf eigenem Gebiet steht. Dann wandte er sich an seinen Adjutanten und fragte diesen, welche Strafe auf unentschuldigtes Fernbleiben stehe.

Das Urteil war eindeutig: Der Schuldige musste geköpft werden.

Zhuang Jia erbebte. Eilends entsandte er einen Kurier zum Herzog und bat um dessen Eingreifen. Der Kurier ritt schnell wie der Wind, doch er kam zu spät. Und Zhuang Jia wurde enthauptet.

Welch drastische Lektion in Disziplin!

Offiziere und Soldaten waren eingeschüchtert. Die Angst wuchs noch, als der General seinen Berater fragte, welche Strafe auf das unerlaubte Einreiten ins Lager im Galopp stünde. Wieder war die Antwort ebenso klar wie hart: Der Schuldige musste geköpft werden.

Doch Tian Rangju konnte nicht gut einen Boten des Herzogs köpfen lassen. Also wurde dessen Adjutant einen Kopf kürzer gemacht. Dann schickte er den Kurier in die Hauptstadt zurück, damit er dem Herzog von den Ereignissen berichten könne. Schließlich setzte er sich an die Spitze des Heeres und gab den Befehl zum Abmarsch.

Von diesem Tag an wagte niemand mehr, sich den Befehlen des Generals zu widersetzen. Die Disziplin in seinem Heer war vorbildlich.

Während des lange dauernden Feldzugs zeigte sich Tian Rangju seinen Männern gegenüber stets großzügig und fürsorglich. Er kümmerte sich persönlich um die Einquartierung der Truppen, den Proviant und das Feldlazarett. Er erwies sich als echter Stratege von persönlichem Charisma. Er wusste, dass der Ausgang der Schlacht nicht nur von der Anzahl der Soldaten bestimmt wurde, sondern weit mehr von deren Eintracht und Zusammenhalt. Und ebendiesen Zustand versuchte Tian Rangju mit Hilfe disziplinarischer Maßnahmen herzustellen. Für ihn stand Gehorsam über allem, denn eine noch so mächtige Armee würde den Gegner nicht in die Flucht schlagen können, wenn es ihr an Disziplin fehlte.

Und so erwarb sich der General die Treue und das Vertrauen seiner Truppen. Die Soldaten hielten große Stücke auf ihren Befehlshaber. Moral und Kampfgeist der Truppen blieben stets ungebrochen. Sie bewegten sich auf Befehl wie ein Mann. Sogar die Kranken forderten, an der Seite ihres Generals in die Schlacht ziehen zu dürfen.

Sobald die Soldaten aus Jin von dem Zusammenhalt im gegnerischen Heer und von der Tapferkeit seiner Soldaten hörten, zogen sie sich ans andere Ufer des Gelben Flusses zurück.

Denn wie hätte man gegen ein solches Heer bestehen können?

Tian Rangju schlug also die Invasoren in die Flucht und gewann die verloren gegangenen Gebiete zurück.

Dann stieß er auf das Heer aus Yan, das offensichtlich immer noch an den Erfolg dieser Invasion glaubte.

Die Yan wurden vernichtend geschlagen. Kein einziger Soldat kam davon.

假痴不癫

Strategem XXVII

27

Sich dumm stellen, aber nicht verrückt

Kommentar

Es ist besser, sich dumm zu stellen und untätig zu sein, als klug erscheinen zu wollen und unvorsichtig zu handeln.

Ruhig bleiben, ohne die günstige Gelegenheit ungenutzt verstreichen zu lassen.

[Das Buch der Wandlungen sagt:]

»Wolken und Donner: die Anfangsschwierigkeit.«

Erläuterung

Der größte Weise erscheint häufig dumm.

Chinesisches Sprichwort

In bestimmten Situationen braucht man, um sich aus einer festgefahrenen Situation zu befreien und eine bessere Gelegenheit für einen Angriff zu schaffen, eine Maske: die des Dummkopfs, des Ignoranten, des Unfähigen. Solch eine Strategie verspricht auf jeden Fall mehr Erfolg als ihr Gegenteil: klug wirken zu wollen und sich zu Unvorsichtigkeiten hinreißen zu lassen, wie etwa durch unkontrolliertes Geplapper die eigenen Pläne zu enthüllen, sodass der Gegner gewarnt wird. Der wahre Stratege hingegen verhält sich ruhig, tut so, als wäre er dumm, während er in Wirklichkeit im Geheimen seine Pläne spinnt, wachsam bleibt, die »günstige Gelegenheit« abwartet, um seine Ziele zu erreichen.

Wer schert sich schon um das Tun und Treiben eines Dummkopfs?

Sobald der eingelullte Gegner in seiner Aufmerksamkeit nachlässt, überzeugt von der Unfähigkeit des Feindes, lanciert der kluge Stratege seinen Angriff.

Das »So tun, als ob« ist die eigentliche Geheimwaffe, die uns in den Strategemen immer wieder anempfohlen wird: Wir bieten dem Gegner ein bestimmtes Bild von uns, das in Wirklichkeit aber gar nicht zutrifft. In Wirklichkeit sind wir ganz anders. Wir tun so, als seien wir handlungsunfähig, während wir im rechten Moment zuschlagen. Wir tun so, als machten wir uns zum Rückzug bereit, während wir in Wirklichkeit unseren Angriff vorbereiten und den Gegner überrumpeln.

Mit einem Täuschungsmanöver blenden wir den Gegner. Dieses Strategem wäre sicher in Sunzis Sinne gewesen.

Wir nutzen das psychologische Moment der Täuschung, um einen möglichen Widerstand des Gegners zu unterlaufen. Diese Ausführungen mögen zeigen, wie wir die Kunst des Krieges auch auf friedlichem Gebiet nutzen können.

Aufs Management angewandt, zeigt uns das Strategem einen Weg, wie sich der auf Angriff fixierte Gegner aushebeln lässt. Wir verschieben das Gleichgewicht der Kräfte und verleiten den Gegner, uns seine Absicht erkennen zu lassen. Wir hingegen verbergen klug unsere Pläne und warten den richtigen Moment ab, um tätig zu werden.

Diese Vorstellung spricht auch aus Hexagramm 3 des Buches der Wandlungen: »Die Anfangsschwierigkeit«. Wenn Wolken und Donner am Himmel aufeinandertreffen, entsteht Spannung. Das zugehörige Bild bezeichnet also einen chaotischen, schwierigen Zustand. Sobald wir aber den richtigen Moment zum Handeln abwarten, fällt uns der Triumph in den Schoß. Wie Blitz und Donner sich irgendwann entladen müssen.

Daher schließt der kluge Stratege nie aus, dass er sich auch einmal dumm stellen muss, auch wenn ihm dies zuwider ist. Eine solche Einstellung hindert uns daran, übermäßig selbstbezogen zu sein, und lässt uns die Dinge objektiver betrachten. Sobald wir unabhängig werden von der Meinung der anderen, verhalten wir uns nur noch uns selbst verantwortlich. Wir lassen uns von dem, was andere denken, nicht mehr beeinflussen und lenken die Wahrnehmung des Gegners nach unseren Wünschen.

Wir sollten uns den psychologischen Aspekt dieses Strategems wirklich zu Herzen nehmen. Es ist nämlich alles andere als leicht, sich dumm oder unfähig zu stellen!

Was die Geschichte lehrt

Während der Zeit der Drei Reiche, als die Nachfolger Cao Caos diesem auf den Thron von Wei folgten, nahm das Ansehen Sima Yis, eines geschickten Politikers und Strategen (179–251), immer weiter zu.

Im Jahr 239 bestieg Prinz Cao Fang den Thron. Da er noch zu jung war, um die Staatsgeschäfte zu führen, stellte man ihm den Würdenträger Cao Shuang als Berater zur Seite.

Cao Shuang spann hinter Sima Yis Rücken seine Intrigen, denn dessen Ansehen war ihm ein Dorn im Auge. Und so gelang es ihm, Sima Yi das Kommando über die Streitkräfte zu entziehen. Stattdessen ernannte man diesen zum Hauslehrer des Königs (was zwar ein sehr ehrenvoller Titel war, jedoch keinerlei echte Machtposition bedeutete).

Der alte Sima Yi wusste nicht recht, was er mit dieser Ehre anfangen sollte, und spann nun seinerseits Intrigen, um seine alte Stellung zurückzuerlangen. Doch das ging nicht von heute auf morgen. Also blieb ihm für den Moment nichts anderes übrig, als auf eine günstige Gelegenheit zu warten. Jeder direkte Vorstoß wäre zum Scheitern verurteilt gewesen. Er musste sich also gedulden, bis Cao Shuang seinen wachsamen Blick von ihm abwandte.

Wie aber sollte er dies bewerkstelligen? Es herrschten finstere Zeiten, in denen Verrat und Betrug an der Tagesordnung waren. Es galt daher, jeden Verdacht von sich abzulenken und Cao Shuang in Sicherheit zu wiegen.

Sima Yi trat eine Art strategischen Winterschlaf an und zehrte von der Vorfreude auf den Tag der Rache. Er war ein großer Kenner taoistischer Grundsätze: »Wer sein Licht leuchten lassen will, muss den Schatten suchen.« Dieser Spruch des großen taoistischen Meisters Laozi sollte sich auch hier als bestimmend erweisen.

Sima spielte bewusst den alten, schwachen Mann. Er tat, als sei er für die neue Aufgabe dankbar, und machte gute Miene zum bösen Spiel. Alles, was auch nur im Entferntesten mit Macht und Militär zu tun hatte, schien ihn überhaupt nicht mehr zu interessieren. Auch seine Söhne legten ihre Ämter nieder und wandten sich anderen Tätigkeiten wie dem Handel zu. Dies alles war so glaubwürdig inszeniert, dass die ganze Familie bald über jeden Verdacht erhaben war. Heimlich aber informierte man sich über die Vorkommnisse am Hof und wartete auf den rechten Augenblick zum Handeln.

Würde Cao Shuang den Köder schlucken?

Naiv war Cao Shuang keineswegs. Tatsächlich sandte er einen seiner Vertrauten, Li Sheng, ins Haus von Sima Yi. Li Sheng war gerade zum Gouverneur von Jingzhou ernannt worden. Unter dem Vorwand, sich von Sima Yi verabschieden zu wollen, bevor er in die Provinz aufbrach, sollte er Erkundigungen über dessen Gesundheitszustand einziehen.

Und Sima Yi tat alles dafür, dass die Botschaft wunschgemäß ausfiel. Er empfing seinen Besucher im Bett, als sei er sehr hinfällig. Im Gespräch stellte er sich halb taub. Ja, Li Sheng musste ihn sogar füttern, als sei er nicht mehr in der Lage, den Löffel selbst zum Mund zu führen. Und so sah der Besucher nur einen Greis, der einzig auf sein Ende wartete. Was ganz in Sima Yis Sinn war.

Auf diese Nachricht hin atmete Cao Shuang erleichtert auf. Nun hatte er nichts mehr zu fürchten und konnte wieder ruhig schlafen. Schritt für Schritt baute er dann auch die Anzahl seiner Leibwächter ab.

Die Zeit verging, und Sima Yis Söhne führten weiter ihre Geschäfte als Händler.

Damit war der Boden für die Anwendung des Strategems bereitet. Der Tag der Entscheidung nahte, und Sima Yi war gut vorbereitet.

An jenem Tag gingen der König und Cao Shuang vor den Palastmauern gemeinsam auf die Jagd.

Sima Yi wusste ihre Abwesenheit zu nutzen und zögerte keine Sekunde. Seine Söhne ließen Arbeit Arbeit sein und begaben sich, von lange angestauter Wut getrieben, zum Palast. Mit seinen Getreuen besetzte Sima Yi den königlichen Palast: Dies war ein kluger Schachzug.

Alles ging sehr schnell, wenige Stunden genügten, um die Machtverhältnisse zu ändern.

Sima Yi verfasste ein Memorandum für den König, in dem er ihm den Frieden anbot, falls er Cao Shuang absetzte.

Dem König blieb keine Wahl. Cao Shuang wurde enthauptet und Sima Yi wieder in seine alten Ämter eingesetzt.

上屋抽梯

Strategem XXVIII 28

Auf das Dach locken und die Leiter wegziehen

Kommentar

Den Gegner durch vermeintliche Vorteile zum Vorrücken verlocken.
Die tödliche Falle zuschnappen lassen, nachdem man jeden Ausweg versperrt hat.
[Das Buch der Wandlungen sagt:]
»Trifft auf Giftiges: unpassende Lage.«

Erläuterung

Wenn Männer einem Kommandanten unterstellt werden, benehmen sie sich wie jemand, der in den Oberstock steigt und dann die Leiter wegstößt.

Sunzi

Das Strategem setzt im Grunde auf eine alte Strategie: in den Sack stecken und zubinden; wir locken den Gegner an, und sobald er in unserer Falle sitzt, schneiden wir ihm den Fluchtweg ab.

Die Leiter steht hier als Bild für den Köder, mit dem wir den Gegner zu einer bestimmten Aktion verleiten (»auf das Dach steigen«), die ihn genau in unsere Fallgrube stürzen lässt (»die Leiter wegziehen«).

Natürlich muss der Köder auf die Veranlagung des Gegners abgestimmt sein. Ist er habgierig, dann sollten wir ihn mit der Aussicht auf leichten Gewinn locken. Ist er hochmütig, dann lassen wir Zeichen der Schwäche erkennen. Einen Dummkopf locken wir am besten in einen Hinterhalt. Wir müssen also den Gegner dazu bringen, dass er die von uns beabsichtigten Züge macht, also »aufs Dach steigt«. An diesem Punkt schneiden wir ihm jede Rückzugsmöglichkeit ab. Wir »ziehen ihm die Leiter weg«.

Das Strategem lässt sich allerdings auch anders lesen: nämlich so, dass wir unsere eigenen Leute in eine ausweglose Situation bringen, um sie zum Kampf zu zwingen. Wir lassen ihnen keine Möglichkeit zur Flucht, damit sie mit der Kraft der Verzweiflung kämpfen, um sich zu retten. Wir fordern also keine Tapferkeit von ihnen, sondern zwingen sie, Mut zu beweisen, indem wir ihnen gar keine andere Möglichkeit lassen. (Die historischen Erläuterungen greifen diese Interpretation noch einmal auf.)

Dies ist eine im Krieg häufig angewandte Strategie, um wirklich alle Reserven zu mobilisieren. Auch dieses Strategem lässt sich auf andere taktische Situationen übertragen.

Leicht modifiziert passt es auch gut ins Krisenmanagement. Da Menschen in Krisensituationen schneller Entscheidungen treffen, kreativer und auch gelassener an Schwierigkeiten herangehen und getroffene Entscheidungen entschlossener umsetzen, können wir sozusagen den Notstand ausrufen, damit sie das tun, was wir von ihnen wollen. Ein solches Krisenmanagement ist vielleicht riskant, führt jedoch gewöhnlich zu einer Reihe innovativer Problemlösungen und erhöht die Produktivität, das Verantwortungsgefühl und die Begeisterungsfähigkeit der Beteiligten.

Vielleicht lässt sich ja die hohe Produktivität der kapitalistischen Länder mit der ständigen Bedrohung durch Arbeitslosigkeit erklären. Unsichere Arbeitsplätze sorgen für verstärkten Fleiß bei den Beschäftigten.

Wir sollten nicht vergessen, dass die Folgen des Strategems sich ab einem bestimmten Punkt nicht mehr aufhalten lassen. Sobald wir die Leiter weggezogen haben, entgleiten die Ereignisse unserer Kontrolle, so gut wir sie auch vorausplant haben mögen. Die Krise am Arbeitsplatz kann zwar die Innovationsfähigkeit der Belegschaft erhöhen, aber auch deren Moral zerstören. Daher sollten wir das Strategem mit Augenmaß einsetzen, damit es sich nicht zum Bumerang entwickelt.

Das Zitat aus dem Buch der Wandlungen, in dem es um giftige Bisse und den unpassenden Zeitpunkt geht, greift das dritte Einzelurteil aus Hexagramm 21, »Das Durchbeißen«, auf. Das Zeichen steht für Ober- und Unterkiefer, die energisch zubeißen, um die Nahrung zu zerkleinern, und einen Knochen in der Mitte »durchbeißen«. Das dritte Einzelurteil allerdings bezieht sich auf eine Situation, in der man sich nicht wohlfühlt: als wäre man vergiftet worden. Wir müssen hart und beharrlich an dieser Situation arbeiten, da wir die Schwierigkeiten, auf die wir stoßen, nicht beeinflussen können. Nur so erzielen wir ein positives Endergebnis.

Was die Geschichte lehrt

204 v. Chr. treffen wir wieder auf General Han Xin, den wir schon in den historischen Erläuterungen zu Strategem VIII (»Heimlich auf Chenchang vorrücken«) kennengelernt haben. Er rüstete sich für einen neuen Feldzug, für den der künftige Kaiser Liu Bang ihm das Oberkommando übertragen hatte: Er sollte nach Osten ziehen, über den Jingxing-Pass, um das Reich Zhao zu belagern und die Provinzen nördlich des Gelben Flusses zu unterwerfen und so die Fundamente der entstehenden Han-Dynastie zu festigen.

Han Xin befehligte ein mehrere zehntausend Mann starkes Heer und zog nach Zhao. Sobald er das Taihangshan-Gebirge überquert hatte, erkundete er eingehend das Gelände. Schließlich war Vorsicht geboten. An dem Abhang, an dem er Halt machte, krallten sich hohe Zypressen und Sandelholzbäume mit mächtigen Wurzeln ins Gestein, als schlügen Drachen ihre kriegerischen Klauen in die Felsen. Dies war der ideale Ort, um den Gegner in die Falle zu locken, noch dazu, wo dieser von einer Minute zur anderen von den Anhöhen über der Schlucht hervorbrechen konnte. Glücklicherweise schien im Moment keinerlei Gefahr zu drohen.

Tatsächlich hatten die zahlenmäßig überlegenen Krieger aus Zhao eine strategisch sehr vorteilhafte Position bezogen: Sie hatten sich am Ende einer kilometerlangen Schlucht, Jingxing, eingenistet, jenseits des Flusses, der die Schlucht gegen das offene Gelände abschirmte.

Han Xin wusste, dass er eine schwere Aufgabe vor sich hatte, die er trotz aller Schwierigkeiten zu Ende führen musste. Daher entsandte er einen Trupp von zweitausend Soldaten zu den Abhängen oberhalb des Zhao-Lagers. Dort sollten sie zweitausend rote Standarten mit dem Emblem Liu Bangs aufstellen. Sobald das Lager sich geleert hatte, sollten sie die Standarten des Gegners durch die eigenen ersetzen.

Wozu? Niemand wusste, was Han Xin im Schilde führte. War er sich des Ernstes der Lage überhaupt bewusst? Der Gegner befand sich in einer strategisch extrem günstigen Position, und niemand würde die Soldaten dazu bringen können, diese aufzugeben.

In einem zweiten Schritt befahl Han Xin einem weiteren Kontingent von zehntausend Mann, das Ostufer des Chi-Flusses zu überqueren. Obwohl es im Krieg verpönt ist, seine Truppen mit dem Rücken zu einem Fluss Stellung beziehen zu lassen, ordnete er genau dies an! So nahm er seinen eigenen Leuten jede Möglichkeit eines Rückzugs, obwohl sie gegen eine absolute Übermacht standen. Was für eine eigenartige Taktik!

Was hatte Han Xin nur vor?

Als die Soldaten aus Zhao diese Aufstellung sahen, ertönte in ihrem Lager allenthalben lautes Lachen. Nicht einmal ein völliger Anfänger hätte solch einen Fehler gemacht!

Im Morgengrauen ritt Han Xin an der Spitze von tausend Mann einen Frontalangriff gegen das Heer von Zhao – mit aufgestellter Lanze, auf einem riesigen schwarzen Schlachtross. Der Großteil der Truppen aus Zhao stellte sich ihm entgegen. Eine kurze und vernichtende Schlacht wurde geschlagen. Unmittelbar bevor er überrannt wurde, gab Han Xin das Zeichen zum Rückzug. Seine Männer stürzten davon und ließen Kriegstrommeln und Standarten auf dem Schlachtfeld zurück. Nun setzte die gesamte Zhao-Armee ihnen nach, angestachelt von der Aussicht auf einen vermeintlich leichten Sieg. Die Soldaten waren sicher, dass sie den Gegner mit Leichtigkeit schlagen würden.

Täuschten sie sich etwa?

Kurz bevor Han Xin wieder zum Hauptkontingent seiner Truppen stieß, das zwischen dem Fluss und der überlegenen Zhao-Armee eingekeilt war, brüllte er aus Leibeskräften den Befehl, bis zum letzten Blutstropfen zu kämpfen. Schließlich war dies die einzige Möglichkeit, sein Heer aus diesem ungleichen Kampf siegreich hervorgehen zu lassen! Denn angesichts des drohenden Todes wurde jedem bewusst, wie sehr er am Leben hing. In dieser verzweifelten Situation wurde das Heer der Han von geradezu übermenschlichem Kampfgeist beseelt, und es stellte sich tapfer dem überlegenen Feind. Die beiden Armeen verbissen sich ineinander. Obwohl zahlenmäßig unterlegen, gaben die Han-Krieger nicht einen Fußbreit nach. Schließlich wurde aus dem Krieg ein gigantischer bewaffneter Zweikampf, Mann gegen Mann. Man schenkte sich nichts und verlangte den Soldaten das Äußerste ab.

Während die Schlacht tobte, stürzten die zweitausend Soldaten von der Anhöhe herab wie der Blitz und ersetzten die Standarten der Zhao durch die eigenen. Dann warfen auch sie sich ins Getümmel.

Angesichts dieses unerbittlichen Gegners und der unerwartet harten Schlacht erteilten die Befehlshaber von Zhao ihren Soldaten den Befehl zum Rückzug. Sie würden ins Lager zurückkehren, sich neu sammeln und dann mit wieder erstarkten Kräften erneut gegen die Han-Krieger zu Felde ziehen. Doch sobald sich die Soldaten dem Lager näherten, erblickten sie überall nur die Standarten Liu Bangs. Das scharlachfarbene Banner, das über ihrem Lager wehte, löste Panik aus. Die Zhao-Krieger glaubten, das Lager sei dem Feind in die Hände gefallen und sie säßen zwischen zwei gegnerischen Kontingenten gefangen. Vollkommen orientierungslos geworden, hielten sie ihren Gegner für sehr viel stärker, als er war. Die Offiziere versuchten, sich den Flüchtenden entgegenzustellen, doch vergeblich.

Nun war der Moment des Triumphs gekommen. Han Xin verlor keine Zeit und nahm die Fliehenden in die Zange, um dem Zhao-Heer den Gnadenstoß zu versetzen. Im allgemeinen Getümmel sahen sich die Soldaten erneut mit einem Überraschungsangriff des Gegners konfrontiert.

Die Zhao-Armee zerstreute sich in alle Winde, der König wurde gefangen genommen.

Wer hätte je mit diesem durchschlagenden Erfolg gerechnet?

Han Xin hatte sich als Meisterstratege gezeigt. Obwohl die Situation für ihn aussichtslos schien, gab er nicht auf. Er weigerte sich, die Position des Unterlegenen einzunehmen, und wandelte seine »Nachteile« in Vorteile um. Er wusste, dass seine Männer weder große Krieger waren noch besonders mutige Kämpfer. Seine Truppen waren keine Berufssoldaten, sondern Bürger, die man zum Militärdienst einberufen hatte. Sie waren nicht einmal besonders ausgebildet worden. Wenn er sie nicht »aufs Dach getrieben« hätte, um ihnen dann »die Leiter wegzuziehen«, wären sie wohl alle desertiert. So aber hatten sie – obwohl taktisch gesehen »auf verlorenem Posten«, da ihnen jeglicher Fluchtweg abgeschnitten war – mit aller Macht um ihr Leben gekämpft.

樹上開花

Strategem XXIX

29

Die Blumen am Baum erblühen lassen

Kommentar
Dem Feind große Stärke vorspiegeln,
obwohl die eigene Position eher schwach ist.
[Das Buch der Wandlungen sagt:]
»Die Wildgans zieht allmählich den Wolkenhöhen zu.
Ihre Federn können zum heiligen Tanz verwendet werden.«

Erläuterung
Kampf ist der Weg der Täuschung.

Sunzi

Die Kunst der Täuschung, wie sie die 36 Strategeme kultivieren, beruht im Wesentlichen darauf, dass wir nach außen nur das Bild zeigen, das wir zeigen wollen.

Der kluge Stratege weiß, dass der Gegner nahezu beliebig manipuliert werden kann. Mit überraschenden, ungewöhnlichen Kunstgriffen spielt er eine Stärke vor, die er in Wirklichkeit nicht hat. Er führt den Gegner mittels geschickt in Szene gesetzter Spiegelfechtereien in die Irre, sodass er den Unterschied zwischen Weiß und Schwarz, zwischen Schein und Wirklichkeit nicht mehr erkennen kann.

Ein Täuschungsmanöver macht den Gegner orientierungslos, er wird zu Wachs in unseren Händen. Vom Zweifel getrieben, wird es ihm schwerfallen, die Tatsachen klar zu erkennen und angemessen darauf zu reagieren. Wir aber nutzen unseren Vorteil, um ihn und die Situation unter Kontrolle zu bekommen.

Diese Strategie ist nicht nur in militärischer Hinsicht brauchbar. Politik und Diplomatie bieten mehr als genug Gelegenheit für blumige Statements, die von der Realität so weit entfernt sind wie die Erde vom Mond.

Das Bild dieses Strategems führt uns einen verdorrten Baum vor Augen, den man mit Stoffblüten bestückt, um ihn in vollem Saft erscheinen zu lassen. Wir führen also die Wahrnehmung des Gegners in die Irre, indem wir bei ihm bestimmte Emotionen auslösen. Dies aber gelingt nur, wenn er seinen Augen *blind* vertraut!

Hier geht es also um die psychologische Kunst der Ablenkung: Denn der Verstand neigt dazu zu glauben, was Auge und Ohr ihm berichten! Weiß man aber um die

Möglichkeit solcher strategischer Manipulationen, so gilt: Nichts ist, wie es scheint.

Das subjektive Urteilsvermögen des Gegners lässt sich vom Augenschein blenden. Im Beispiel vom Baum und den Blüten wird er glauben, es mit einem Magier zu tun zu haben, der besondere Fähigkeiten besitzt. Angesichts solch übernatürlicher Kräfte wird er aufgeben. Wir fangen also Elstern, indem wir sie mit glitzernden Gegenständen ködern, die im Grunde völlig wertlos sind. Wir preisen Tand als große Kostbarkeit an – ein altbewährter Trick jedes Marketingstrategen, der die Nachfrage nach einem neuen Produkt anheizen will, noch bevor es auf den Markt kommt.

Die intensive emotionale Reaktion, die wir beim Gegner auslösen wollen, kommt im Hexagramm 53, »Die Entwicklung«, im Bild der Wildgans zum Ausdruck. Das rituelle Schmücken der Wildgans für den heiligen Tanz ist eine Anspielung auf die Art des Einflusses, den wir auf den Gegner ausüben sollen. Wir bieten alles auf, um einen bestimmten Anschein zu erwecken und den Gegner zu täuschen, damit wir die gewünschten Ergebnisse erzielen.

Umgekehrt macht das Strategem natürlich auch deutlich, dass wir tunlichst nicht emotional auf unseren Gegner reagieren sollten. Der kluge Stratege fällt auf Provokationen des Gegners nicht herein. Er erlaubt ihm nicht, sein Urteilsvermögen zu beeinflussen und dadurch die Kontrolle über die Situation zu erlangen. Weder Lob noch Beleidigung finden Eingang in sein Herz. Der wahre Stratege lässt sich nicht von seinen Gefühlen übermannen. Dies ist von entscheidender Bedeutung, wenn er den Sieg davontragen will.

Dieses Strategem kann nicht nur angewandt werden, um sich aus einer unvorteilhaften Situation zu befreien. Es bewährt sich auch dann, wenn wir dem Gegner überlegen sind. Dann können wir ihn durch Demonstration der eigenen Stärke davon abbringen, den Kampf mit uns zu suchen, oder ihn von der Bühne verdrängen.

Was die Geschichte lehrt

284 v. Chr., während der Epoche der Streitenden Reiche, marschierte das Reich Yan, das sich mit den Reichen Qin, Wei, Han und Zhao verbündet hatte, im Reich Qi ein.

Im Laufe des lange dauernden Feldzugs fielen mehr als siebzig Städte in Qi.

Nur zwei Städte widerstanden dem Ansturm seit Monaten, ohne auch nur einen Fußbreit nachzugeben: Lu, wohin sich der König von Qi geflüchtet hatte, und Jimo, das unter dem Kommando des geschickten Strategen Tian Dan stand.

Die beiden Städte wurden einer langen und kräfteraubenden Belagerung unterworfen.

In der Zwischenzeit trat das Reich Yan in Verhandlungen mit seinen Bündnispartnern, weil es die eroberten Qi-Gebiete seinem Reich angliedern wollte.

Um die Unterstützung seiner Truppen zu gewinnen und die Moral der Einwohner von Jimo zu stärken, befahl Tian Dan einem seiner Soldaten, so zu tun, als sei er vom Geist eines außergewöhnlichen Strategen besessen, der aus dem Jenseits zu ihm spreche. Opferrituale wurden abgehalten, während derer der Soldat eine Vision zu haben schien. Die vorgebliche Vision zeigte, wie dank Tian Dans kluger Umsicht die Stadt bald vom Belagerungszustand befreit sein und einen überwältigenden Sieg feiern würde.

War es etwa ein Strategem, das Tian Dan da einsetzte?

Nachdem er unter den Einwohnern von Jimo eine erhebliche Menge Gold gesammelt hatte, ließ er dieses zum General der Yan-Armee, Qi Jie, bringen mit der Botschaft, die Stadt sei bereit, sich zu unterwerfen. Die einzige Bitte Tian Dans lautete, man solle doch Frauen, Alte und Kinder verschonen.

Qi Jie nahm die Gabe an und versprach, die Bevölkerung wie erbeten zu schonen.

Voller Euphorie nahmen die Yan-Krieger die Nachricht vom bevorstehenden Ende der Belagerung auf. Der lange Feldzug hatte auch sie viel Kraft gekostet, daher freuten sie sich auf eine baldige Heimkehr.

In der Zwischenzeit ließ Tian Dan eine Herde von mehr als eintausend Stieren zusammentreiben. Diese schmückte man mit einer Decke aus purpurfarbener Seide und bemalte sie mit Streifen in leuchtenden Farben. An ihren Hörnern ließ er Dolche und Fackeln befestigen. An den Schwänzen wurde ein ölgetränkter Strohwisch befestigt.

Tian Dans Plan wurde nachts ausgeführt, wie sich das für eine Kriegslist gehört. Man öffnete alle Stadttore, die zum Feindeslager hin gingen. Die Strohwische und die Fackeln an den Hörnern der Stiere wurden angezündet. Natürlich waren die Tiere außer sich vor Angst. So ließ man sie auf den Gegner los, um die Umzingelung zu durchbrechen.

Die Yan-Armee wurde brüsk aus dem Schlaf gerissen. Von der Stadt her erklang unglaublicher Lärm. Donner schien Himmel und Erde zu erschüttern. Ein Erdbeben?

Sobald sie die Tiere sahen, die wie eine Mauer auf sie zustampften, verfielen die Soldaten in Panik und blieben wie angewurzelt stehen.

Einige kniffen sich, weil sie glaubten, in einem kollektiven Alptraum gefangen zu sein.

Es sah aus, als würden Drachen auf sie losstürmen. Die Flammen, die aus Hörnern und Schwanz schlugen, spiegelten sich auf der glatten Seide und in den blanken Messerklingen wider. Die Tiere schienen riesig zu sein.

Hinter den wild gewordenen Stieren aber ritt Tian Dan mit einer Einheit von fünftausend ausgewählten Soldaten. Diese waren schwarz gekleidet und drangen lautlos ins Lager ein. Ihre Gesichter waren mit schrecklichen Tierfratzen bemalt. Sie schwangen ihre riesigen Schwerter und Hellebarden und richteten unter den völlig verstörten Yan-Soldaten ein wahres Gemetzel an. Im Schutz der brennenden Stiere konnten sie mühelos ins Lager eindringen und wüteten dort wie die Tiger. Jeder, der sich ihnen entgegenstellte, wurde gnadenlos massakriert.

Das Lager wurde dem Erdboden gleichgemacht. Leichen türmten sich zu Bergen. In der allgemeinen Verwirrung stürzten sich die Qi-Krieger auf ihr Ziel: Qi Jie wurde von der Wucht des Angriffs überrollt.

Die Offiziere der Yan versuchten noch, Ordnung in das Chaos zu bringen, und brüllten ihre Befehle nach rechts und links, doch wer hörte noch auf sie?

Die Yan-Armee wurde aufgerieben, die wenigen Überlebenden machten sich im Schutz der Dunkelheit davon.

Der Kampf war vorüber.

Die Schlacht von Jimo war die erste einer Reihe von Niederlagen der verbündeten Reiche. Sie gab dem Abwehrkampf von Qi eine völlig neue Richtung. Dieser überwältigende Sieg bildete den Auftakt von Tian Dans erfolgreichen Feldzügen, an deren Ende er alle Städte zurückerobert hatte, welche dem Reich Qi entrissen worden waren.

Wer hätte Tian Dan zu jener Zeit in der Kunst des Krieges übertroffen?

Der Herrscher von Qi konnte Lu endlich verlassen und kehrte nach Linzi zurück, in die Hauptstadt des Reiches Qi. Bald war das Reich in seinen alten Grenzen wiederhergestellt, und die militärische Macht in der Region lag wieder in den richtigen Händen.

反客爲主

Strategem XXX

30

Vom Gast zum Hausherrn werden

Kommentar
Den Fuß in die Tür schieben,
um sich die Macht des Gegners anzueignen.
[Das Buch der Wandlungen sagt:]
»Allmähliches Fortschreiten.«

Erläuterung
Die Generäle haben einen Spruch:
»Ich wage nicht, den Hausherrn zu spielen, also bleibe ich Gast.
Statt ein paar Zentimeter vorzurücken, sollte man lieber einen Meter zurückweichen.«

Tao Te King, LXIX

Das Strategem beschreibt den Wechsel von der Passivität zur Aktivität, das Umschlagen eines Pols in den anderen.

In der Terminologie der strategischen Schriften Altchinas ist der, der in das Gebiet des Feindes einmarschiert, der »Gast«, während der, der das Gebiet verteidigt, der »Hausherr« ist. In welcher Beziehung die beiden zueinander stehen, hängt letztlich vom Verhältnis der Kräfte ab. Gewöhnlich befindet sich der Hausherr in der besseren strategischen Position, weil er das Gelände kennt und es daher leichter hat, den Gegner zu überwältigen. In diesem Fall muss der Gast dem Hausherrn kurzfristig den Vorrang einräumen, um Zeit zu gewinnen und seine Truppen zu formieren. Erst dann kann er den Rang des Hausherrn anstreben. Doch es kommt auch vor, dass der Gast in der vorteilhafteren Position ist und den Hausherrn vom Thron stößt, nachdem dieser ihn eingeladen hat.

Wie Hexagramm 53 des Buches der Wandlungen, »Die Entwicklung«, andeutet, muss, wer es vom Gast zum Hausherrn bringen will, »allmählich fortschreiten«, in Etappen sozusagen. Die erste Etappe besteht darin, sich überhaupt in die Position des Gastes zu begeben, die zweite darin, den »Türspalt« auszumachen, also die Achillesferse des Gegners. Bei der dritten Etappe schieben wir dann den »Fuß in die Tür«, wir nutzen den Schwachpunkt des anderen zu unseren Gunsten. (Sollte unser Gegner gierig sein, locken wir ihn mit der Aussicht auf schnellen Gewinn, sollte er auf Ruhm versessen sein, loben wir ihn, und so weiter.) Bei der vierten Etappe erschleichen wir uns das Vertrauen des Gegners, damit wir auf seine Entscheidungen Einfluss nehmen können. Die letzte Etappe besteht darin, die Schlüssel an sich zu bringen und Herr im Haus zu werden.

Unsere heutige Zeit bietet viele Beispiele für die erfolgreiche militärische Anwendung dieses Strategems. Man setzt unter dem Vorwand der Zusammenarbeit, humanitärer Hilfe oder als Berater bei Friedensgesprächen den Fuß in die Tür und tut, als wäre man ein wohlwollender Gast. Dann erforscht man die Schwächen des Gastgeberlandes, und wenn die Gastgeber in ihrer Aufmerksamkeit nachlassen, versucht man, die Quelle ihrer Stärke zu unterminieren und offen oder verdeckt auf die inneren Angelegenheiten des Staates Einfluss zu nehmen.

Doch auch unser Alltagsleben bietet viele Gelegenheiten, dieses Strategem einzusetzen. Jeder ist Gast in fremdem Haus, sei es das eines Vorgesetzten, der Eltern oder anderer Menschen.

Denn letztlich ist jeder Kampf, ob er sich nun außen oder innen abspielt, immer ein Kampf mit uns selbst. Psychologisch betrachtet sind wir die Hausherren in unserem Geist. Wir bringen Gedanken hervor. Diese sind die Gäste. Die Gäste können angenehm oder unangenehm sein, aber sie kommen und gehen. Als guter Hausherr behandeln wir alle mit der gleichen Aufmerksamkeit, ohne den einen zu bevorzugen und den anderen zu benachteiligen. Verlieren wir aber die Kontrolle über unser Innenleben und vergessen wir, dass wir der Herr im Haus sind (weil wir uns zu sehr mit unseren Gedanken identifizieren), übernehmen die Gäste die Regentschaft im Haus und bestimmen plötzlich die Regeln. Dann vergessen wir, dass es nur kurzfristige

Besucher sind, die da kommen und gehen – mit allen Eigenheiten dieser Situation. Dies sollten wir gründlich untersuchen.

Was die Geschichte lehrt

Im Jahr 1038 zog General Cao Wei an der Spitze seines Heeres nach Norden. Dort hatten die aus Tibet stammenden Dangxiang-Stämme das Reich Xi Xia gegründet. Ihr Führer, Li Yuanhao, herrschte dank der strategischen Vorteile, die ihm die geografische Lage seines Reiches verschaffte, über eines der drei größten Staatsgebilde der damaligen Zeit – neben dem Staat Song, der von den Han gegründet worden war, und dem Staat Liao der Qi Dan.

Die Nördliche Song-Dynastie fühlte sich vom Reich Xi Xia bedroht und sandte daher Cao Wei aus, um das Land zu unterwerfen. Dies war eine schwierige Aufgabe: Das Gelände, das der General erobern sollte, galt als uneinnehmbar.

Die Lage des Gegners war mehr als günstig: Da er das Terrain gut kannte, musste man ihn aus seiner sicheren Position locken. Cao Wei, ein erfahrener Feldherr, traf daher eine Reihe von Sicherheitsvorkehrungen, als er sich nach Xi Xia vorwagte.

Schon nach den ersten Gefechten gerieten die Dangxiang-Truppen in Bedrängnis und mussten sich zurückziehen. Die Song-Offiziere setzten zur Verfolgung an, doch Cao Wei gebot ihnen Einhalt und erteilte ganz präzise Befehle: Sie sollten sich des Viehs bemächtigen und dann abwarten, ohne dem Gegner nachzusetzen.

Und das, obwohl der Feind floh! War dies nicht die ideale Gelegenheit, um ihn vollständig zu schlagen?

Doch Cao Wei gebot seinen Offizieren, sich mit diesem ersten Sieg zu begnügen. Er hatte nicht die Absicht, die feindliche Armee niederzumetzeln, genoss aber sichtlich seinen Triumph. Er wartete eine bessere Gelegenheit ab, um den endgültigen Sieg davontragen zu können. Doch dazu war Geduld nötig. Er wollte sich gedulden, bis er wirklich alle Ressourcen gegen den Feind mobilisieren konnte.

Cao Wei war kein Grünschnabel. In früheren Zeiten hatte er sowohl mit dem Schwert als auch durch kluge strategische Täuschung gesiegt. Trotzdem fanden seine Offiziere die nun erteilten Anordnungen etwas seltsam. Denn was wäre leichter gewesen, als dem fliehenden Feind nachzusetzen?

Das Dangxiang-Heer marschierte derweilen einige Tage lang dahin, bis die Späher die Botschaft brachten, die Song-Armee habe ihr Lager am Ort der ersten Scharmützel aufgeschlagen.

Dann mussten sie irgendwie in Schwierigkeiten sein. Denn warum sonst hätten sie dem Gegner nicht nachgesetzt?

Also gab der Kommandant der Dangxiang den Befehl, kehrtzumachen und zur Gegenoffensive anzusetzen. Nach einem Gewaltmarsch von mehreren Tagen kehrte er an den Ort des ersten Gefechts zurück.

Die Song-Truppen warteten in aller Ruhe die Schlacht ab.

Bei einer Unterredung versuchte Cao Wei, den General von einem Angriff abzubringen. Er hatte nicht die Absicht, seine Krallen in die so willig entblößte Flanke zu schlagen, waren die Soldaten doch von den Märschen der letzten Tage geschwächt.

Aber der Kommandant der Dangxiang war davon überzeugt, dass Cao Wei nur taktiere, um seine eigene Schwäche zu verbergen, und so gab er den Befehl zum direkten Angriff.

Die Dangxiang erlitten eine bittere Niederlage. Sie wurden bis zum letzten Mann in alle Winde zerstreut. Der Sieg erwies sich als leichter als gedacht.

Dies sagte Cao Wei seinen Offizieren:

»Als sie sich zurückzogen, erteilte ich den Befehl, ihnen ihr Vieh abzunehmen und das Lager aufzuschlagen. Das hat sie dazu verleitet zurückzukommen, um eine neue Auseinandersetzung zu suchen. Doch nach dem tagelangen Marsch waren sie vollkommen erschöpft. Hätten wir sofort die Entscheidung gesucht, als sie noch stark und voller Kampfesmut waren, hätten wir mit Sicherheit keinen schnellen Sieg davongetragen. Doch nach einem so langen Marsch hätten die Soldaten sich eigentlich ausruhen müssen. Sie waren müde und ausgehungert. So hatten sie für den Kampf kaum noch Kraft. Wir standen wie der Tiger inmitten der Schafherde. Durch die Schwäche unseres Gegners wurden wir vom Gast zum Hausherrn.«

Strategien für den Rückzug

三十六計

美人計

Strategem XXXI

31

Strategem der weiblichen Schönheit

Kommentar

Ist der Gegner stark, greif seinen Führer an.
Ist dieser schlau, dann ziele auf sein Herz.
Ist der Führer geschwächt, bricht der Gegner zusammen, da seine Kräfte ganz natürlich nachlassen.

[Das Buch der Wandlungen sagt:]

»Fördernd ist es, Räuber abzuwehren. So steigt unsere eigene Sicherheit.«

Erläuterung

Niemand kann der Verführung der Schönheit widerstehen.

Chinesisches Sprichwort

Von jeher ist das Strategem der weiblichen Schönheit ein probates Mittel, um auf den Gegner Einfluss zu nehmen.

Die Polarität von Yin und Yang konzentriert sich bei diesem Strategem auf die Strategie, dass das Starke durch das Schwache besiegt wird. Der Mann, von seiner Natur her *yang*, stark und fest, kämpft mit der Faust. Die Frau, von ihrer Natur her *yin*, schwach und gefügig, kämpft mit Lächeln und Tränen. Das ist keineswegs das Zementieren von Geschlechterrollen, sondern einfach nur das Erkennen und Nutzen der eigenen naturgegebenen Stärken. Wie das stete und unermüdliche Tropfen des Wassers schließlich auch den härtesten Stein aushöhlt, so kann das Schwache über das Starke obsiegen.

Wenn wir also einen mächtigen Gegner nicht besiegen können, sollten wir so tun, als würden wir uns ihm unterwerfen, als würden wir uns – zumindest zeitweise – seinen Wünschen beugen, während wir gleichzeitig politische Manöver ins Werk setzen, die den gegnerischen Führer kampfunfähig machen.

Haben wir es mit einem geschickten, entschlossenen Führer zu tun, dessen Mittel unerschöpflich scheinen und der sich konventionellen Strategien nicht beugt, können wir versuchen, weiblichen Charme ins Spiel zu bringen, um ihn von der emotionalen Seite her zu packen und so seinen Kampfgeist zu schwächen. Gelingt es, mit diesem Schachzug Entschlossenheit und Klarblick des Führers zu trüben, greift diese Schwäche allmählich auch auf seine Leute über.

Das Strategem der weiblichen Schönheit lässt sich auf dreierlei Weise einsetzen. Zunächst einmal können wir emotional auf den Anführer Einfluss nehmen. Er verliebt sich und vernachlässigt seine Pflichten. Seine Wachsamkeit lässt nach. Die zweite Methode ist, Zwietracht zwischen seinen Beratern und Offizieren zu säen. Vielleicht gibt es grundlegende Differenzen, die wir nutzen können. Vielleicht können wir seine Offensivstrategie ihrer inneren Ordnung berauben. So wird die interne Zusammenarbeit gestört und die Entschlusskraft des Gegners geschwächt. Die dritte Möglichkeit hängt davon ab, ob es im Umfeld des Gegners Frauen gibt. In diesem Fall können wir versuchen, Eifersucht und Neid zu schüren, sodass die Frauen sich auf das Spinnen von Intrigen verlegen, welche die Situation verschärfen. So gelingt es uns, eine Atmosphäre zu schaffen, in der Entscheidungen nach irrationalen Kriterien getroffen werden.

Letztlich ist dies ein psychologischer Kampf, bei dem es darum geht, die Beziehungen zwischen dem gegnerischen Führer und seiner unmittelbaren Umgebung zu stören (wie es der Kommentar zu Hexagramm 53, »Die Entwicklung«, im Buch der Wandlungen besagt). Diese psychologische Schlacht wird aggressiv geführt. Sind wir bedroht, müssen wir dem Feind Widerstand leisten und ihn von uns ablenken. Es ist dies eine Frage der eigenen Sicherheit. Wir berücksichtigen bei unserer Verteidigungsstrategie die Schwachpunkte des Feindes (die Leidenschaften des gegnerischen Führers oder der Führungsmannschaft) und versuchen so, ihm daraus einen Strick zu drehen und seine Kraft systematisch zu unterhöhlen. Dies kann nur in kleinen Schritten geschehen. Ob wir Erfolg haben, hängt nicht zuletzt davon ab, ob wir uns an diese Politik der Nadelstiche halten können, statt uns kopfüber in die Schlacht zu stürzen.

Was die Geschichte lehrt

Die letzten Jahre der Östlichen Han-Dynastie waren geprägt von blutigen Machtkämpfen, die von einem besonders grausamen und verabscheuenswerten Kriegsherrn namens Dong Zhuo entfesselt wurden. Er hatte Kaiser Shao Di vom Thron gestoßen und das Kind Xian Di zum neuen Kaiser ernannt, der ihm zur willfährigen Marionette wurde. Dong Zhuo wurde kaiserlicher Berater. Damit aber brachen blutige Zeiten an. Lu Bu, der beste Soldat seiner Zeit, war ihm treu ergeben, sodass Dong Zhuo ein hartes Regiment führte.

Die Lage verschlechterte sich zusehends. Die Bevölkerung war unzufrieden und murrte. Schließlich begann die kaiserliche Herrschaft, der es ohnehin an Legitimation fehlte, zu wanken. Die Grausamkeit Dong Zhuos schien in der Folge einen neuen Höhepunkt zu erreichen. So ließ er beispielsweise Hofleute zur eigenen Belustigung erstechen. Niemand wagte es, ihn vor der Gefahr einer drohenden Rebellion zu warnen, aus Angst, Opfer seines Zorns zu werden.

Kriegsminister Wang Yun war angesichts der Lage sehr besorgt. Es galt, sich des Tyrannen zu entledigen, doch für den Augenblick schien dieser unbesiegbar. Und so wandelte

Wang Yun in schlaflosen Nächten durch die Palastgärten und zermarterte sich den Kopf nach einer Lösung. Eines Nachts begegnete er der sechzehnjährigen Diaochan, die schön war wie eine Göttin. Das Mädchen war als Kind in den Palast gekommen, wo es singen und tanzen lernte. Für Wang Yun war sie wie eine Tochter. Diaochan kannte die Sorgen ihres Adoptivvaters. Da sie sich dankbar zeigen wollte, war sie fest entschlossen, ihm zu helfen – um jeden Preis. Als sie dies Wang Yun an jenem Abend sagte, schoss diesem eine Idee durch den Kopf.

Wenn man nun das Schicksal der Han-Dynastie in die Hände dieses verführerischen Mädchens legte?

Noch in jener Nacht schmiedeten die beiden einen Plan, um das Kaiserreich aus jener verzweifelten Lage zu befreien. Da sowohl Dong Zhuo als auch Lu Bu für ihre wollüstige Natur bekannt waren, würde Diaochans Schönheit als Köder dienen. Gelänge es ihr, die beiden zu eifersüchtigen Rivalen zu machen, könnte Lu Bu den Tyrannen töten.

Zunächst einmal ließ Wang Yun dem Krieger heimlich ein kostbares Geschenk senden, um ihn seiner Wertschätzung zu versichern. Lu Bu fühlte sich sehr geehrt und begab sich persönlich zu Wang Yun, um ihm zu danken. Zu diesem Anlass gab Wang Yun ein prächtiges Fest, bei dem ausgesuchte Weine und Leckereien gereicht wurden. Inmitten der Festlichkeiten erschien Diaochan, um am Bankett teilzunehmen. Man hätte Lu Bu ein Halsband umlegen können, so hingerissen war er von ihrer Schönheit. Das Begehren brannte in seinen Adern wie glühende Lava. Als Wang Yun dem Soldaten das Mädchen als Konkubine anbot, stimmte dieser, trunken vor Lust, augenblicklich zu. Dann wurde ein Glück verheißender Tag bestimmt, an dem das Mädchen in Lu Bus Haushalt Einzug halten sollte. Lu Bu malte sich schon in Gedanken aus, welch leidenschaftliche Liebesnächte er mit Diaochan verbringen würde.

Einige Tage später schmeichelte sich Wang Yun bei Dong Zhuo ein und lud ihn zum Essen ein, während Lu Bu außerhalb weilte. Der Tyrann kam mit einer starken Leibgarde zum Palast von Wang Yun. Man aß und trank bis zum späten Abend. Und wieder erschien Diaochan. Auch Dong Zhuo war von so viel Schönheit hingerissen, seine Lust war angestachelt. Man gab ihm zu verstehen, dass man ihm das Mädchen als Freundschaftsgabe überlassen würde. Dong Zhuo lief das Wasser im Mund zusammen. Er ließ sofort anspannen und fuhr mit Diaochan zu seinem Palast, ohne auch nur einen Gedanken auf die Möglichkeit eines taktischen Manövers zu verschwenden.

Als Lu Bu zurückgekehrt war und ihm die Neuigkeiten zu Ohren kamen, forderte er von Wang Yun eine Erklärung. Dieser aber tat recht demütig und meinte, es müsse sich um ein Missverständnis handeln. Dong Zhuo wisse sehr wohl, dass Diaochan ihm als Konkubine versprochen war. Da der Tag seines Besuches jedoch ebenfalls ein Glück verheißender Tag sei, habe er das schöne Mädchen mit in seinen Palast genommen, um es seinem tapfersten Krieger persönlich zu übergeben. Wang Yun fügte hinzu, er habe niemals angenommen, dass die Ereignisse eine solche Wendung nehmen könnten. Schließlich habe er noch jedes Versprechen, das er gegeben habe, gehalten.

Und so wuchsen im Herzen Lu Bus Hass und Verachtung gegenüber Dong Zhuo, der seine Zeit mit Diaochan genoss und alle Staatsgeschäfte darüber vollkommen vernachlässigte.

Diaochan aber war nicht nur von außerordentlicher Schönheit, sondern es gelang ihr auch, zwischen Dong Zhuo und Lu Bu in kürzester Zeit Hass und Zwietracht zu säen. Dong Zhuo gegenüber zeigte sie sich aufmerksam und bis über beide Ohren verliebt. Lu Bu aber spielte sie vor, sie sei ihm, ihrer einzigen wahren Liebe, gegen ihren Willen entrissen worden. Sie ließ durchblicken, dass sie sich vor Kummer in Kürze selbst entleiben würde, wenn er sie nicht aus den Händen dieses schrecklichen Tyrannen rettete. Dies ließ die Liebe in Lu Bus Herzen noch stärker entflammen.

Eines Tages entdeckte Dong Zhuo die beiden im Garten, in tiefer Umarmung umschlungen. Lu Bu floh. Diaochan aber gestand Dong Zhuo unter Tränen, dass sein angeblich treuer Diener versucht habe, ihr Gewalt anzutun, während sie im Park spazieren gegangen war. Dann brach sie in Tränen aus und ließ sich von Dong Zhuo trösten. Auch er versprach, sie vor den Nachstellungen des anderen zu schützen.

Wang Yun blieb ebenfalls nicht untätig. Er schürte den Konflikt, wo er nur konnte. Lu Bu ermutigte er, an Dong Zhuo Rache zu nehmen, sonst werde er zum Gespött der Höflinge. Diese Worte hallten noch lange in dessen Ohr nach und entfachten seine Wut weiter. Nun wartete er nur noch auf den richtigen Tag, um das zu tun, was getan werden musste. Ein einziger Gedanke beherrschte ihn: Er würde Dong Zhuo für diese Beleidigung bezahlen lassen.

Und schon bald bot sich die Gelegenheit: Dong Zhuo wollte den Kaiser in seinem Palast aufsuchen. Lu Bu verlor keine Zeit. Er verbarg sich hinter dem kaiserlichen Thron, und als der Tyrann vortrat, hieb er ihm mit dem Schwert mit solcher Wucht den Kopf ab, dass dieser über den Boden rollte. Lu Bu hatte Rache genommen, das Strategem vollendet ausgeführt.

Der Plan war aufgegangen. Dennoch konnte er die Östliche Han-Dynastie nicht vor dem einige Jahre später einsetzenden Niedergang retten. Wang Yun wurde wenig später von den Anhängern Dong Zhuos getötet. Die Spuren von Diaochan verloren sich im Dunkel der Geschichte zahlloser Kämpfe. Als Cao Cao Lu Bu töten ließ, begann die Zeit der Drei Reiche.

空城計

Strategem XXXII

32

Strategem der leeren Stadt

Kommentar

Leer machen, was leer ist. Der Zweifel gebiert nur Zweifel.

[Das Buch der Wandlungen sagt:]

»Verbindung zwischen dem Starken und dem Schwachen.«

Überraschung folgt auf Überraschung.

Erläuterung

Wer die Feinde zu besiegen weiß, bekämpft sie nicht.

Tao Te King, LXVIII

Unsere Stärken und Schwächen, die hier beschrieben werden als »Fülle« (*shi*) und »Leere« (*xu*), lassen ein riesiges Potemkinsches Dorf Wirklichkeit werden, ein illusorisches Konstrukt, das den Gegner über unsere tatsächlichen Kraftverhältnisse hinwegtäuscht.

Im Wesentlichen können wir vier Formen der Illusion unterscheiden.

Wo *Leere* ist, schaffen wir die Illusion der *Fülle*, um den Gegner davon abzuhalten, uns anzugreifen. Der Schwache täuscht dem Gegner also Stärke vor.

Wo *Fülle* ist, schaffen wir die Illusion der *Leere*, um den Gegner in die Falle zu locken. Der Starke täuscht dem Gegner Schwäche vor.

Wo *Leere* ist, zeigen wir diese dem Gegner deutlich, um ihn zu der Vermutung der *Fülle* zu verleiten. Der Schwache zeigt also seine Schwäche, um den Gegner zu der Annahme zu bringen, dies sei ein taktischer Schachzug, um die eigene Stärke zu verbergen. In diesem Fall wird der Gegner nicht angreifen.

Wo *Fülle* ist, zeigen wir dies dem Gegner, um ihn zu der Annahme zu verleiten, er habe es mit einer Form der *Leere* zu tun. Der Starke posaunt seine Stärke hinaus, damit der Gegner glaubt, er tue dies nur, um die eigene Schwäche zu verbergen. In diesem Fall wird der Gegner direkt zum Angriff übergehen.

Das »Strategem der leeren Stadt« gehört zur dritten Form der Illusion.

Wenn die Kräfte des Gegners die unseren weit übersteigen und uns eine Niederlage droht, können wir zu diesem

Strategem Zuflucht nehmen: Wir übertreiben unsere Verwundbarkeit und stellen uns gleichsam flügellahm.

Sofern der Gegner nicht genauestens über unsere tatsächliche Stärke unterrichtet ist, wird dieses ungewöhnliche Verhalten ihn stutzig machen. Argwöhnisch geworden, wird er im besten Fall von einem weiteren Angriff absehen. Das Strategem ist also der gegenteilige Schachzug dessen, was Strategem XXIX, »Die Blumen am Baum erblühen lassen«, zur Ausführung empfiehlt. Dort geben wir vor, über mehr Kräfte zu verfügen, als wir tatsächlich besitzen. Letztlich aber operieren beide mit der Täuschung hinsichtlich der realen Kräfteverhältnisse. Der Gegner nimmt die Schwäche hinter der Fassade der übermäßigen Verwundbarkeit nicht wahr, sondern glaubt, wir wollten ihm eine Falle stellen.

Durch den Überraschungseffekt wird unsere Schwäche zur effizienten Waffe, die den Gegner glauben lässt, wir seien zum Angriff bereit.

Mit Hilfe dieser psychologischen Strategie besiegen wir den Gegner nicht durch militärische Stärke, sondern durch Schlauheit. Wir beziehen die Psyche des Gegners, seine Art zu denken und die Situation einzuschätzen, in unsere Überlegungen mit ein.

Da dieses Strategem ein hohes Risiko birgt, sollten wir es nur im Notfall einsetzen, wenn wir mit dem Rücken zur Wand stehen und alle anderen Möglichkeiten ausgeschöpft sind. Es empfiehlt sich vor allem dann, wenn unser Gegner auf alles Ungewohnte erst einmal mit Vorsicht reagiert.

Dass diese Strategie überhaupt erfolgreich sein kann, liegt einzig daran, dass das allzu Offensichtliche häufig Verdacht erregt. Wenn wir unsere Unfähigkeit offen zeigen, verwirren wir damit den Gegner, der glauben wird, das Gegenteil sei der Fall.

Da wir uns dem Gegner damit jedoch vollständig ausliefern, verlangt dieses Strategem ein hohes Maß an Selbstbeherrschung.

Das Strategem basiert auf der Erläuterung des ersten Teils von Hexagramm 40, »Die Befreiung«. Dieses Hexagramm veranschaulicht sehr klar, in welcher Situation das Strategem zur Anwendung kommt: Man ist schwach und kann nicht mit Hilfe rechnen. Gleichzeitig droht Gefahr, in diesem Fall ein übermächtiger Gegner. Wir müssen also etwas tun, trotzdem aber mit Umsicht zu Werke gehen. Wir müssen neue Wege finden, um unsere Lage zu verbessern. Der kluge Stratege stellt sich dieser schwierigen Situation in einer Haltung der geistigen Offenheit und der Selbstbeherrschung. Diese neu gewonnene Kraft erlaubt uns, die Gefahr zu umgehen und »Befreiung« zu finden. Das zugehörige Bild (»Donner und Regen erheben sich«) bringt unsere Lage noch einmal auf einen kurzen Nenner: Die aufgestaute Spannung des Himmels strebt der endgültigen Lösung zu, dem Gewitter, das die Luft reinigt.

Was die Geschichte lehrt

Während der ersten Jahre der Regentschaft des Tang-Kaisers Xuanzhong durchzogen türkische Horden plündernd das Reich der Mitte.

727 entsandte man daher General Zhang Shougui als Militärgouverneur zum Schutz der Stadt Guazhou, welche die Türken schon fast zerstört hatten. Die Bewohner standen immer noch unter Schock, so wild und grausam wüteten die Türken.

Zhang Shougui verlor keine Zeit und ließ sofort die Stadtmauern wieder errichten. Die Arbeiten waren noch nicht abgeschlossen, als der unerbittliche Gegner von neuem zuschlug. Die verängstigten Einwohner von Guazhou wussten nicht, welche Gottheit sie zuerst anflehen sollten. Da sie sich nicht mehr verteidigen konnten, fühlten sie den Atem des Todes bereits im Nacken. Der zahlenmäßig weit überlegene Gegner stand vor den Toren der Stadt.

Dann war dies also der Tragödie letzter Akt?

Der Angriff der Türken stand unmittelbar bevor. Man hatte ihm nichts entgegenzusetzen. Daher drohte er noch weit blutiger zu werden als der erste. Wie ein Leichentuch hing die düstere Stimmung über der Stadt.

Zhang Shougui wusste sehr gut, dass Guazhou nicht mehr in der Lage war, den Türken nennenswerten Widerstand entgegenzusetzen. Die Stadtmauern waren weitgehend zerstört, die Menschen waren verwundet oder vom Hunger geschwächt.

Doch im Angesicht der drohenden Vernichtung, als alles verloren schien, bewies Zhang Shougui eine unglaubliche Ruhe und Gelassenheit, als habe er keine Niederlage zu gewärtigen.

Die Zeit schien stehen geblieben zu sein, und der Gouverneur handelte aus dem ersten Impuls heraus, als seien es höhere Mächte, die zu ihm sprächen. Tatsächlich verhindert zu viel Denken meist eine spontane Entscheidung. Doch Zhan Shougui hatte eine Art geistiger Eingebung. Vor seinem inneren Auge zeichnete sich ein kluger und mutiger Plan ab.

Er ließ auf den Resten der Stadtmauern ein Festmahl für sich und seine Offiziere anrichten, bei dem Flöten und Zimbeln für musikalische Untermalung sorgten. Er befahl, alle Banner zu hissen, alle Standarten aufzustellen und die Tore der Stadt zu öffnen!

Dieser überraschende Anblick traf die Türken unvorbereitet.

Von der Festung her waren keine anderen Lebenszeichen zu hören als die zarten Klänge der Instrumente, die das Festmahl Zhang Shouguis begleiteten.

Im Kopf der türkischen Befehlshaber formten sich Fragezeichen. Vielleicht heckte Zhang Shougui eines seiner bekannten Strategeme aus? Handelte es sich etwa um einen Hinterhalt? Wieso hatte man die Stadttore weit aufgerissen? Was sollte all das bedeuten?

Die verwirrten Türken wollten die Probe aufs Exempel nicht machen und bliesen zum Rückzug.

Guazhou war gerettet.

Die Geistesgegenwart Zhang Shouguis hatte die verzweifelte Lage noch einmal gewendet.

反間計

Strategem XXXIII 33

Strategem vom Spion, der an den Ort des Geschehens zurückkehrt

Kommentar

Der Zweifel im Zweifel.
Man »schließt sich mit seinem eigenen Kreis zusammen«. Auf diese Weise erleidet man keine Verluste.

Erläuterung

Mit Umsicht und äußerster Vorsicht müssen Spione eingesetzt werden.

Sunzi

Ein wichtiger strategischer Schachzug ist der Einsatz von Spionen, die »an den Tatort zurückkehren«, also ein doppeltes Spiel spielen.

Der Einsatz von »Nachrichtendiensten«, die Informationen beschaffen, ist nicht nur auf militärischem Gebiet unabdingbar, sondern bei allen Formen zwischenmenschlicher Konflikte. Bevor wir selbst mobilmachen und uns auf eine Auseinandersetzung einlassen, müssen wir die Kapazitäten des Gegners erkunden, damit wir die Situation richtig einschätzen und auf die Bewegungen des Feindes angemessen reagieren. Gäbe es dafür ein probateres Mittel als die Spionage?

Der Spionage und Gegenspionage (vielleicht das zweitälteste Gewerbe der Welt) widmete Sunzi in seinem Buch über die Kunst des Krieges ein eigenes Kapitel. Ihm zufolge gibt es fünf Arten von Spionen: den lokalen Spion (unter der örtlichen Bevölkerung angeworben), den inneren Spion (angeworben unter den Offizieren des feindlichen Heeres), den Doppelagenten (einen feindlichen Spion, der zu uns übergelaufen ist), den todgeweihten Spion (einer unserer Spione, der unter den Spionen des Gegners, ohne es zu wissen, falsche Nachrichten verbreitet und, sobald er enttarnt wird, dem Tod geweiht ist) und den überlebenden Spion (den Agenten, der den Gegner auskundschaftet und dann mit seinem Bericht zu uns zurückkehrt).

Im vorliegenden Strategem geht es hauptsächlich um den Doppelagenten, den wichtigsten der fünf Typen. Da er uns Informationen über die Lebensbedingungen im Land des Feindes, seine Schwachpunkte und seine Pläne liefert, macht er die anderen vier Formen der Spionage überhaupt erst möglich. Seine Vorarbeit erlaubt uns, *lokale und innere Spione* anzuwerben. Er liefert uns die Daten für gezielte Fehlinformationen, mit denen wir den *todgeweihten Spion* losschicken. Den *überlebenden Spionen* ebnet er den Weg, da sie auf dem aufsetzen können, was er bereits herausgefunden hat. Aus diesem Grund müssen wir viel Mühe darauf verwenden, jene Geheimagenten zu enttarnen, die der Feind uns schickt, um uns auszuspionieren. Durch Aussicht auf lukrative Geldzahlungen können wir sie eventuell zum Überlaufen bewegen. Wir können ihnen auch gezielt falsche Informationen zuspielen, indem wir uns im Hinblick auf ihre Agententätigkeit völlig ahnungslos geben. In diesem Fall dienen die feindlichen Spione ebenfalls unseren Zwecken, da sie ohne ihr Wissen als Doppelagenten für uns tätig sind und ihr eigenes Land sabotieren.

Dies ist allerdings eine eher heikle Angelegenheit, die gut überlegt werden will. Vermutlich ist es kein Zufall, dass dieses Strategem sich im letzten Abschnitt des Buches findet. Denn Doppelagenten aufzubauen und den Gegner auf eine falsche Fährte zu locken, erfordert wirklich sehr viel Zeit und Geschick.

Das Strategem spiegelt die Erläuterung zu Hexagramm 8 des Buches der Wandlungen, »Das Zusammenhalten«, wider. Hexagramm 8 zeigt uns, auf welche Situation das vorliegende Strategem anwendbar ist: die Übereinkunft mit einem Spion, der im Innern der feindlichen »Organisation« tätig ist. Die Zusammenarbeit mit solch einem Doppelagenten, mit dem wir den Gegner gleichsam »mit den eigenen Spionen schlagen«, wird uns nicht enttäuschen, wenn wir sie richtig angehen.

Der Kommentar weist uns darauf hin, dass dieses Strategem auch eine psychologische Seite hat. Grob vereinfacht lässt sich sagen, dass Menschen meist über die Dinge sprechen, die ihnen Angst machen oder die sie sich wünschen. Herz und Verstand hören wohl nie auf zu glauben, dass die Dinge anders sein müssten, als sie im Augenblick sind. Dies zeigt sich in den meisten Gesprächen. Wenn wir ein waches Ohr haben, wird uns der Gegner selbst verraten, was er wirklich vorhat. Wir haben vielleicht keine echten »Spione«, aber wir wissen trotzdem, was unser Gegner plant. Haben wir gelernt, seine Gedanken zu lesen, wird es uns leichtfallen, angemessen zu reagieren. Hier geht es also um die Kunst des Zuhörens, womit man Herz und Verstand ausspioniert – nicht nur beim Gegner, sondern auch bei sich selbst. Eine ehrgeizige Aufgabe, die jedoch die Mühe lohnt.

Was die Geschichte lehrt

Wieder stoßen wir auf einen alten Bekannten, Cao Cao, den Kriegsherrn der Wei-Dynastie, der in den Kampfkünsten ebenso bewandert war wie in der Kunst der Strategie. Doch trotz seiner Klugheit und Schläue wurde auch er Opfer eines Strategems. Der junge Zhou Yu würde ihm schon bald eine bittere Niederlage bei der Schlacht von Chibi am Mittellauf des Yangzi beibringen (siehe die historischen

Ausführungen zu Strategem XXXIV, »Strategem der Selbstverwundung«).

Wir befinden uns also in jener blutrünstigen Epoche der chinesischen Geschichte, in der die wankende Han-Dynastie den Drei Reichen Platz machen musste, eine Zeit, an deren Ende Cao Cao nach zahllosen Siegen seinen erbitterten Feind Yuan Shao besiegt haben würde (siehe die Strategeme IX, XX und XXV).

Im Jahr 207 beschloss Cao Cao, den Staat Wu (südöstlich des Yangzi) zu erobern, der unter der Herrschaft von Sun Quan stand. Zu diesem Zweck rüstete er eine enorme Flotte aus und machte sich daran, den Yangzi flussabwärts zu segeln, um seinen Gegner auf dessen eigenem Gebiet anzugreifen. Sun Quan aber war in der Zwischenzeit ein enges Bündnis mit Liu Bei, dem Herrscher von Shu, eingegangen, um der Expansionswut Cao Caos endlich Einhalt zu gebieten.

Obwohl Cao Caos Streitkräfte die des Reiches Wu um das Zehnfache übertrafen, hatten sie doch keinerlei Erfahrung mit Seeschlachten. Die feindlichen Heerführer hingegen waren gerade darin besonders versiert. Schon nach den ersten Gefechten merkte Cao Cao, dass seine Kriegstechniken sich hier als unwirksam erwiesen, und musste feststellen, dass seine Armee zu Wasser besonders leicht angreifbar war. Dies war für ihn ein unbestreitbarer Nachteil.

Da die bevorstehende Auseinandersetzung für ihn also ungünstig zu verlaufen drohte, beauftragte er zwei Admirale aus dem Süden Chinas mit der entsprechenden Ausbildung seiner Truppen. In der Zwischenzeit schickte er einen

Spion namens Jian Gan in das Lager von Wu, der die Vorbereitungen des Gegners auskundschaften sollte. Jian Gan war ein alter Freund des Kommandanten Zhou Yu, der die Flotte von Wu befehligte, was ihm Zutritt zur Wu-Armee verschaffte.

Jiang Gan überquerte also den Fluss und begab sich ins feindliche Lager. Zhou Yu jedoch war auf der Hut und begriff sofort, was dieser unerwartete Besuch bedeutete. Er stellte sich ahnungslos, um Jiang Gan für seine Zwecke zu benutzen. Er empfing ihn mit offenen Armen wie einen alten Freund und gab für ihn sogar ein Bankett. Der Wein floss in Strömen. Während des Banketts ließ Zhou Yu einen Brief verfassen, in dem auf angebliche Kontakte von Cao Caos beiden südchinesischen Admiralen mit dem Reich Wu angespielt wurde. Er erweckte also den Anschein, als gebe es ein Komplott gegen Cao Cao. Der Brief war von den beiden Admiralen unterzeichnet.

Nach dem Bankett lud Zhou Yu, der sich sturzbetrunken gab, den Freund in sein Zelt ein. Dieser sollte am nächsten Morgen abreisen, sobald die Wirkung des Weins verflogen wäre. In der Nacht sah Jian Gan Zhou Yu in tiefen Schlaf sinken. Kurz darauf begann er, das Zelt zu durchsuchen. Natürlich fand er den Brief.

So ein günstiger Zufall!

Er nahm den Brief, steckte ihn ein und legte sich wieder schlafen.

Im Morgengrauen verabschiedete sich Jiang Gan. Die Lippen seines alten Freundes umspielte währenddessen ein seltsames Lächeln.

Sobald er im Lager Cao Caos ankam, zeigte er diesem sofort den Brief. Cao Cao zögerte nicht eine Sekunde. Er ließ die Admirale rufen und richtete sie auf der Stelle hin, ohne sie auch nur zu Wort kommen zu lassen.

Erst später entdeckte er, dass er in die Falle gegangen war. Sein Spion war zum Gegenspion gemacht worden.

Doch da war es längst zu spät!

Mit der Hinrichtung der beiden Admirale hatte er seine Niederlage eingeleitet. Seine Armee verfügte nun nicht mehr über in Seeschlachten erfahrene Führer. Als er einige Monate später den entscheidenden Angriff vortrug, wurde er vernichtend geschlagen.

Und er selbst entging nur um Haaresbreite dem Tod, wie wir in den historischen Ausführungen zum Strategem XXXV, der »Strategemverkettung«, sehen werden.

苦肉計

Strategem XXXIV

Strategem der Selbstverwundung

Kommentar
Der Mensch schadet sich nicht selbst. Wenn er also verletzt ist, dann ist ihm bestimmt übel mitgespielt worden.
Der Spion macht das Falsche wahr und das Wahre falsch.
[Das Buch der Wandlungen sagt:]
»Kindliche Torheit bringt Heil.« Der junge Tor ist fügsam.

Erläuterung
Der eine will schütteln, der andere will geschüttelt werden.

Chinesisches Sprichwort

Dieses Strategem wird in Zeiten größter Not angewandt, wenn das eigene Überleben davon abhängt, ob wir die Pläne des Gegners erkennen können.

Es ist vor allem dann angebracht, wenn wir das Vertrauen des Gegners gewinnen und ihn von unserer Loyalität überzeugen wollen. Letztlich beruht das Strategem darauf, dass man gemeinhin annimmt, jemand, der seine fünf Sinne beisammen hat, würde sich nicht selbst Schaden zufügen. Wenn also jemand offensichtlich körperlichen, seelischen oder materiellen Schaden erlitten hat, dann darf man davon ausgehen, dass nicht er selbst der Urheber ist. Unter Ausnutzung dieser allgemeinen Annahme kann der Spion, der das Strategem der Selbstverwundung einsetzt, den Gegner zu nachlassender Aufmerksamkeit veranlassen. Ein Unschuldiger, der vom gemeinsamen Gegner Schaden erlitt, braucht nicht gefürchtet zu werden. Der Spion erregt Mitleid. So bringt er den Gegner dazu, seinen Worten zu glauben und an den Informationen, die er ihm liefert, nicht zu zweifeln.

Der Gegner hält das Falsche für wahr und das Wahre für falsch. Wie in einem Spiegelbild nimmt er die Welt unter umgekehrten Vorzeichen wahr. Auf diese Weise erschleicht sich der Spion das Vertrauen des Gegners. Er wird ohne jedes Misstrauen in die Ränge des Feindes aufgenommen, wie der »kindliche Tor« aus Hexagramm 4 des Buches der Wandlungen, der sich überall gut einfügt. An diesem Punkt hat der Geheimagent sozusagen einen Freibrief zum Sammeln von Informationen, die er seinem Befehlshaber überbringt. Außerdem kann er mühelos Zwietracht in den Reihen des Gegners säen und so die Niederlage beschleunigen.

Diese Strategie ist vor allem für Spione nützlich und wird häufig zusammen mit Strategem XXXIII, »Strategem vom Spion, der an den Ort des Geschehens zurückkehrt«, angewandt. Sie beruht auf einem persönlichen Opfer, das weit über das Übliche hinausgeht (öffentliche Misshandlung, ungerechtfertigter Vorwurf der Unfähigkeit, Verbannung etc.). Dergleichen auf sich zu nehmen, kostet große Selbstüberwindung.

Was die Geschichte lehrt

Nachdem er Cao Cao dazu gebracht hatte, seine beiden Admirale köpfen zu lassen (siehe Strategem XXXIII), legte Zhou Yu plötzlich eine für ihn ungewöhnliche Genugtuung an den Tag. In der Öffentlichkeit trat er auf, als sei er der Niederlage von Cao Caos Flotte vollkommen sicher, obwohl seine Streitmacht der des Gegners weit unterlegen war. Doch der Erfolg, den ihm die kluge Anwendung eines Strategems eingetragen hatte, wies ihm die richtige Richtung.

Der älteste Offizier Zhou Yus, Admiral Huang Gai, hatte den Mut, seinen Kommandanten darauf hinzuweisen, dass eine derartige Einschätzung der Lage zumindest wenig realistisch war. Selbst wenn alle Streitkräfte zusammengelegt würden, war das Kräfteverhältnis immer noch nahezu aussichtslos. Daher schlug er dem Oberbefehlshaber im Kreis seiner Offiziere eine völlig andere Strategie vor: den Rückzug.

Mit einem Mal wurde die Atmosphäre eisig. Zhou Yu fühlte sich offensichtlich von den Ermahnungen des Admirals beleidigt. Er bekam einen Tobsuchtsanfall und ordnete die sofortige Hinrichtung Huang Gais an. Doch seine Militärberater, die bei der Vorstellung, einen der ältesten und erfahrensten Admirale zu verlieren, erschauderten, traten für Huang Gai ein. Und so ließ Zhou Yu sich überzeugen, dass die Hinrichtung des Admirals ein großer Irrtum wäre.

Widerstrebend wandelte er das Todesurteil in hundert Peitschenhiebe um, die dem Admiral vor aller Augen verabreicht werden sollten. Beim fünfzigsten Peitschenhieb baten die Berater den Herrscher erneut um Gnade. Die Strafe war ohnehin drakonisch genug. Der alte Mann lag auf der Erde, sein Rücken war ein einziger blutiger Brei. Irgendwann verlor er vor Schmerz das Bewusstsein.

Zhou Yu ließ sich umstimmen, zog sich aber – immer noch beleidigt – zurück.

Am nächsten Tag lag Huang Gai mit schmerzverzerrtem Gesicht in seinem Zelt. Er sandte seinen treuen Adjutanten, Kan Ze, der ihn auf allen Feldzügen begleitet hatte, mit einer Botschaft zu Cao Cao. Kaum hatte er den Fluss Yangzi überquert, wurde Kan Ze von einem feindlichen Aufklärungstrupp gefangen genommen. Dann führte man ihn vor Cao Cao, dem er das Schreiben seines Herrn überreichte. Darin klagte Huang Gai über die ungerechte und grausame Behandlung, die ihm von Seiten Zhou Yus widerfahren sei. Vor diesem Hintergrund biete er Cao Cao, so hieß es in dem Brief, seine Dienste an. Er wolle sich für das erlittene Unrecht rächen und Zhou Yu töten.

Cao Cao glaubte dem Brief zuerst nicht. Schließlich hatte er viele Schlachten siegreich geschlagen. Ein so geschickter Stratege wie er fiel nicht auf solche altbekannten Tricks herein. Er hielt Kan Zen auf Distanz und vermutete einen hinterhältigen Schachzug des Gegners. Wie hätte er sich auch anders verhalten sollen?

Doch als seine Spione ihm von der öffentlichen Auspeitschung Huang Gais berichteten, der nun mit dem Tode rang, ließ selbst er alle Vorsicht fahren. Die Misshandlung des alten Admirals war es, die dem Vorschlag Huang Gais in seinen Augen Glaubwürdigkeit verlieh.

Gewöhnlich dachte Cao Cao lange nach, bevor er eine Entscheidung traf. Nun aber glaubte er, die Gunst der Stunde nutzen zu müssen. Da er zwei Admirale wegen des Verdachts auf Verrat hatte hinrichten lassen müssen, befand er sich in einer gewissen strategischen Verlegenheit. Er brauchte einen Kommandanten für seine Flotte, da er sonst von einem Angriff würde absehen müssen.

Und so schloss er mit Huang Gai einen Pakt: Am Tag der Schlacht würde Huang Gai in einem Boot zur Flotte Cao Caos überlaufen, das die Standarte des grünen Drachen trug, das Zeichen des alten Admirals. Dann würde er sich mit Cao Cao verbünden und das Kommando über den Angriff übernehmen. Wie dies geschehen sollte, lesen Sie in den historischen Ausführungen zum nächsten Strategem.

Cao Cao war nicht bewusst, dass er in die Falle des Strategems der Selbstverwundung getappt war.

Huang Gai war Zhou Yu immer noch treu ergeben. Niemand wusste um das Geheimnis, das die beiden verband, nicht einmal Zhou Yus Offiziere. Die Vereinbarung war strikt unter vier Augen getroffen worden: Nur so konnte sichergestellt werden, dass die Einzelheiten der Operation nicht in unbefugte Ohren gelangten und diese so gefährdeten. Darüber hinaus war dies die einzige Möglichkeit, den Ausgang einer so aussichtslos erscheinenden Schlacht zu Zhou Yus Gunsten zu beeinflussen.

Huang Gai bezahlte die Anwendung des Strategems in der Tat teuer. Doch sein Mut war einzigartig. Er war zu allem bereit und setzte sogar sein Leben aufs Spiel, um den Sieg zu sichern. Mit äußerster Entschlossenheit ordnete er alles, auch seinen körperlichen und seelischen Schmerz, diesem Ziel unter.

連環計

Strategem XXXV 35

Die Strategemverkettung

Kommentar

Wenn man nicht in der Lage ist, sich mit einem zahlenmäßig überlegenen Gegner zu messen, lässt man ihn von selbst in die Falle gehen, damit er sich durch eigene Anstrengung schwächt.

[Das Buch der Wandlungen sagt:]

»Der Kriegsherr« wird vom Glück begünstigt und empfängt die Gunst des Himmels.

Erläuterung

Bindet man zwei Pferdchen an einen Strick, kann keines weglaufen.

Chinesisches Sprichwort

Wenn wir vor einem kräftemäßigen Patt stehen, hat es wenig Sinn, sich voller Angriffslust auf den Gegner zu stürzen. Gewalt wäre in diesem Fall sinnlos, ja der Schuss könnte nach hinten losgehen. Daher ist es besser, den Gegner durch List zu schwächen. Wir sollten ihn an sinnvollen Aktionen hindern, ihn sinnlose Handlungen aber ausführen lassen. Auf diese Weise können wir ihn mit seiner eigenen Kraft besiegen.

Wir konzentrieren uns nicht auf eine einzige strategische Linie, sondern fahren sozusagen mehrgleisig, haben jedoch ein übergreifendes Ziel vor Augen. Wenden wir also mehrere Strategien zugleich an, können wir, falls eine fehlschlägt, immer noch auf eine der anderen zurückgreifen. Bündeln wir mehrere Strategeme zu einer Taktik, können wir die gesammelte Energie nutzen, auch wenn die einzelnen Strategeme für sich genommen nicht so effektiv wirken würden.

Die Aufeinanderfolge verschiedener Strategeme zielt auf eine Kettenreaktion ab, die den Gegner demoralisiert, ermüdet, schwächt und schließlich in die Knie zwingt. Zunächst einmal werden wir versuchen, seine Reaktionsfähigkeit zu vermindern, dann können wir darangehen, seine Stärken zu unterminieren.

Dieses Strategem ist dazu gedacht, die Stärken des Gegners in Schwächen umzuwandeln, indem wir seine Offensivkraft mindern und ihn am Ende mit Hilfe seiner eigenen Stärken besiegen. Gelingt uns dies, wird der Gegner sich selbst zum ärgsten Feind.

Paradoxerweise sind die Möglichkeiten, von den Schwächen des Gegners zu profitieren, umso zahlreicher, je stärker dieser ist. Denn eine große Streitmacht zu befehligen, erfordert einen komplexen Apparat von Regeln und Personen, die diese Regeln umsetzen: Offiziere, Unteroffiziere, Nachschub, Kommunikation. Hier bieten sich vielfältige Angriffspunkte.

Immer noch geht es um die Anwendung des taoistischen Prinzips der Kampfkünste, nach dem wir den Gegner am besten mit dessen eigenen Kräften schlagen. Dieses müssen wir genauestens studieren.

Der Satz aus dem Buch der Wandlungen bezieht sich auf die Erläuterungen zum zweiten Strich des Hexagramms 7, »Das Heer«. Der »Kriegsherr« hat die nötige Autorität erworben, um seine Aufgabe erfüllen zu können. Die anderen Striche des Hexagramms sind durchbrochen. Im Innern der eigenen Organisation arbeitend, ruhig, aber nicht träge, erhält der kluge Stratege selbst in schwierigen Situationen die Unterstützung und Hilfe der eigenen Offiziere und Soldaten. Daher kann er sich auf die präzise Umsetzung seiner Schlachtpläne verlassen.

Der kluge Stratege (»Der Kriegsherr«), der so vorgeht, führt auf brillante Weise seinen Plan durch, was den Eindruck erweckt, als stünde der Himmel selbst ihm bei.

Was die Geschichte lehrt

Zu der Zeit, als er Opfer des Strategems der Selbstverwundung werden sollte (Strategem XXXIV), erhielt Cao Cao hochinteressanten Besuch. Pang Tong suchte ihn auf, der beste Militärstratege des südlichen China. Er bot Cao Cao seine Dienste als Militärberater bei dem schwierigen Angriff auf See an. Dies war der Auftakt zur letzten Phase der Strategemverkettung.

Was Cao Cao natürlich verborgen blieb.

Wir aber gehen nun einen Schritt zurück zum geheimen Treffen zwischen Pang Tong und Zhou Yu, das stattfand, als Cao Caos Truppen den Fuß über die Grenze nach Wu gesetzt hatten.

Pang Tong lebte seit langem in einem kleinen buddhistischen Tempel an den Hängen des Berges Xishan. Trotzdem war sein strategisches Geschick sprichwörtlich. Wie alle weisen Männer hatte er es aber immer vermieden, sich in die Kämpfe der beteiligten Reiche Wu, Wei und Shu einzumischen. Doch als Cao Cao seine Invasion einleitete, war plötzlich der gesamte Süden Chinas in Gefahr. Als er daher Besuch von Zhou Yu erhielt, war Pang Tong bereits zu dem Schluss gelangt, dass er seine Neutralität aufgeben würde und Sun Quan, dem Herrscher von Wu, beratend zur Seite stehen würde. Und so entwickelte er zusammen mit Zhou Yu eine Strategie, um die Invasion Cao Caos zurückzuschlagen.

Kurz darauf begab er sich ins Lager Cao Caos. Dieser fühlte sich sehr geehrt und ließ ihn nach den üblichen Förmlichkeiten sogar seine Garnisonen besichtigen. Er bat ihn auch um technischen Rat und versprach ihm dafür reichen Lohn.

»Eure Seestreitmacht ist gut organisiert. Ihr verfügt über eine Menge Kriegsschiffe größeren und kleineren Zuschnitts, aber Eure Soldaten scheinen nicht gesund zu sein. Die Männer von Wei sind das raue Klima des Nordens gewöhnt und haben Schwierigkeiten, sich an die feuchte Luft des Südens zu gewöhnen. Daher ist ihnen stets ein wenig übel, und sie fiebern leicht. Das ist keine echte Krankheit. Sie sind einfach nicht an das Schlingern der Schiffe gewöhnt. Da sie keine Seeschlachten kennen, ist ihnen nur der Kampf auf festem Erdboden vertraut. Daher solltet Ihr den Ort, an dem Ihr die Schlacht schlagt, mit festem Boden versehen, als fände sie auf dem Erdboden statt. Ordnet Eure Schiffe in Kolonnen an und verbindet sie untereinander mit festen Metallketten vom Bug zum Heck. Seitlich lasst Ihr dann zwischen den Schiffen hölzerne Tafeln befestigen, die gleichsam als Brücke dienen können. Auf diese Weise könnt Ihr das Schaukeln eindämmen. Das Ganze sollte so stabil wie der Boden auf dem Festland sein, sodass auch Pferde ohne Probleme darübergehen können. Wenn Eure Flotte so ausgerüstet ist, wird der Kampfgeist Eurer Leute steigen. Die Windrichtung zu dieser Jahreszeit wirkt zu Euren Gunsten. Damit steht der Angriff unter günstigen Vorzeichen. Der Sieg wird Euer sein«, schloss Pang Tong.

Cao Cao glaubte dem Ratschlag des Philosophen und ließ den Plan so schnell wie möglich in die Tat umsetzen.

Doch damit war er schlecht beraten. Die Empfehlungen Pang Tongs sollten sich bald als verhängnisvoll erweisen.

Nach einigen Wochen Arbeit war die riesige schwimmende Plattform fertiggestellt. Die zufriedenen Soldaten aus Wei hatten nun tatsächlich das Gefühl, auf festem Boden zu kämpfen. Sie hatten eine schwimmende Insel geschaffen!

Die Spione Zhou Yus meldeten die Fertigstellung des enormen Holzgeräts. Damit rückte der Tag der Entscheidungsschlacht näher.

Am nächsten Tag befahl Cao Cao seiner riesigen Flotte, sich nach Süden aufzumachen, wo der Feind lagerte und die Flüsse Yangzi und Han sich vereinigten. Dort lag der Rote Felsen (chines. *chibi*), der dieser berühmten Schlacht ihren Namen gab.

An diesem Morgen des Dezembers 208 v. Chr., des Tages der Wintersonnwende, war der Aufbruch noch von günstigen Winden begleitet. Doch während die Schiffe sich ihrem Ziel näherten, hörte die Sonne auf zu scheinen, und der Wind schlug um. Viele meinten, dies sei »göttliche Vorsehung« gewesen. Als habe der »himmlische Ratschluss«, also das Schicksal, plötzlich für die Armee aus Wu entschieden.

Die Wachposten Cao Caos entdeckten in der Ferne etwa zwanzig Schiffe, die mit hoher Geschwindigkeit auf sie zuhielten. Sie trugen die Standarte mit dem grünen Drachen. Cao Cao dachte, dass Admiral Huang Gai komme, um den Angriff zu befehligen (siehe die historischen Ausführungen zu Strategem XXXIV, »Strategem der Selbstverwundung«).

Dass der Wind gedreht hatte, begünstigte das Vorhaben Huang Gais. Dieser gab Befehl, Feuer an die eigenen Schiffe zu legen, und warf sich mit seinen Männern ins Wasser. Diese trieben dann mit dem Wind in Höchstgeschwindigkeit auf Cao Caos schwimmendes Floß zu.

Die Südostwinde taten ein Übriges.

Als Cao Cao die brennenden Schiffe auf seine Flotte zutreiben sah, wurde ihm klar, welcher Serie von Täuschungen er erlegen war.

Er begriff, dass er eine Niederlage zu gewärtigen hatte. Er wusste, wie anfällig seine Flotte gegenüber Brandanschlägen war, hatte sich jedoch auf die Winterwinde verlassen. Doch auch in diesem Punkt war er von Pang Tong schlecht beraten worden. Zhou Yu hingegen, der aus dem Süden kam, war bestens darüber informiert, dass der Wind zu dieser Jahreszeit mitunter blitzschnell umschlug. Und so hatte er mit seiner Strategie dieser Tatsache Rechnung getragen.

Alles lief wie geplant.

Die aneinandergeketteten Kriegsschiffe konnten nicht beidrehen und zum Rückzug ansetzen. Unbeweglich wie Elefanten gaben sie die perfekte Zielscheibe ab. Obwohl der Fluss an dieser Stelle ausnehmend breit war, war die riesige Plattform manövrierunfähig.

Als das erste Schiff Feuer fing, ging in kürzester Zeit die gesamte Flotte Cao Caos in Flammen auf. Riesige Feuerzungen verschlangen die schwimmende Insel. Rauchsäulen verdunkelten den Himmel. Menschliche Fackeln versuchten, dem Inferno zu entkommen, und sprangen von Bord, doch im Wasser trieben nur Tote. Kaum ein Krieger aus dem Norden konnte schwimmen.

So weit das Auge reichte, war der Yangzi von treibenden Leichnamen bedeckt.

Und so endete die Schlacht am Roten Felsen in einem gewaltigen Blutbad.

Cao Caos Flotte wurde bis auf das letzte Schiff zerstört. Cao Cao entkam dem Tod nur um Haaresbreite. Schließlich gelang ihm mit einer Handvoll Männer die Flucht.

Zhou Yu aber genoss das Spektakel aus der Nähe. Er war stolz, mehrere Strategeme so geschickt verkettet zu haben, dass er dem Gegner damit eine vernichtende Niederlage hatte beibringen können.

走爲上計

Strategem XXXVI 36

Das beste Strategem ist die Flucht

Kommentar
Weichen wir dem Feind aus, um Kräfte zu sparen.
[Das Buch der Wandlungen sagt:]
»Das Heer zieht sich zurück. Kein Makel.«
Man wird immer noch von der natürlichen
Ordnung der Dinge getragen.

Erläuterung
Der Rückzug ist eine Möglichkeit des Vorrückens.
Der Weise schlägt keine verlorene Schlacht.
Strategischer Grundsatz aus China

Wenn sich der Sieg des Gegners abzeichnet und wir einer vernichtenden Niederlage entgegenzugehen drohen, haben wir vier Möglichkeiten: Wir kämpfen bis zum letzten Blutstropfen. Wir kapitulieren. Wir verhandeln. Wir fliehen. Bis zum letzten Blutstropfen zu kämpfen oder zu kapitulieren bedeutet in jedem Fall eine vollkommene Niederlage, was natürlich die schlechteste Lösung ist. Verhandeln wir über eine Einstellung der Feindseligkeiten, ist dies eine halbe Niederlage, die der Kapitulation gleichwohl vorzuziehen ist. Die Flucht aber ist keine Niederlage. Solange wir nicht besiegt sind, haben wir immer noch die Möglichkeit, ein zweites Mal anzugreifen. Dies ist also die beste Wahl, zumindest wenn wir der Weisheit der Kampfkünste folgen wollen.

Ein chinesisches Sprichwort sagt: »Die Höhle eines schlauen Hasen hat stets drei Ausgänge.«

Wenn klar ist, dass die gegenwärtigen Ereignisse unweigerlich in einer Niederlage enden werden, ist es am klügsten, sich zurückzuziehen und neu zu organisieren. In diesem Sinne wird Flucht als »bestes Strategem« bezeichnet.

Für die westliche Mentalität, die, an zahlreichen Hollywood-Filmen geschult, auf heroischen Heldenmut setzt, ist das letzte Strategem schwer zu akzeptieren. Es wird nur dann angewandt, wenn alle anderen Strategeme sich als unwirksam herausstellen.

In der pragmatischen Weltsicht der Chinesen hingegen erfährt die Kunst der Flucht durchaus ihre Wertschätzung. Wie wichtig dieses Strategem sein kann, zeigen die zahllosen strategischen Erfolge, die Mao Zedong auf seinem Langen

Marsch verzeichnen konnte. Er setzte bei seinen Guerillataktiken immer wieder auch das Strategem der Flucht geschickt ein, um die Schlagkraft der Roten Armee trotz der vernichtenden Aktionen der Guomindang, der Chinesischen Nationalpartei, zu bewahren. Maos Prinzip ist bekannt: »Wenn die Schlacht zu gewinnen ist, dann schlag sie. Andernfalls geh ihr aus dem Weg.«

Die wohlgeordnete strategische Flucht hingegen spiegelt wie keine andere Taktik das chinesische Denken wider, das vom taoistischen Prinzip des *wei wu wei* (handeln, ohne zu handeln) geprägt ist. Wir passen uns dem Lauf der Dinge an. Sun Bin, der große Stratege und Nachfolger von Sunzi, nannte dies: »sich kurzfristig unterwerfen, um neue Stärke zu sammeln«. Es geht hierbei also darum, den Übergang in eine neue Entwicklung zu ermöglichen.

Wenn wir eine sich bietende Gelegenheit nicht nutzen, handeln wir gegen das Prinzip *Handeln, ohne zu handeln.* Eine verlorene Schlacht zu schlagen, hieße, den »himmlischen Ratschluss«, also das Schicksal, herauszufordern. Das Talent des Strategen zeigt sich also auch in der Flucht.

Erst wenn der richtige Augenblick gekommen ist, sollten wir uns auf einen Kampf einlassen – mit dem richtigen Gegner und am richtigen Ort. Andernfalls gehen wir ihm besser aus dem Weg.

Die Erläuterung zum vierten Einzelurteil des Hexagramms 7 im Buch der Wandlungen, »Das Heer«, sagt deutlich, dass im Kampf vorzurücken und sich zurückzuziehen gleichwertige Strategien sind. Daher heißt es klar: »kein Makel«, wenn die Flucht das einzige Mittel ist, um eine aussichtslos erscheinende Situation in einen künftigen Sieg umzuwandeln.

Manchmal ist der Rückzug ohnehin schwieriger als das Vorrücken, gerade wenn objektiv ein Scheitern droht. Auch im Geschäftsleben ist es aus verschiedenen Gründen nicht so einfach, ein gescheitertes Produkt vom Markt zu nehmen oder eine bankrottgegangene Firma abzuwickeln.

Doch auch dieses Strategem sollte nur wohlüberlegt eingesetzt werden. Man wendet es nicht leichten Herzens an und schon gar nicht, um einem im Augenblick unwiderstehlichen Impuls der Flucht nachzugeben. Es darf auch nicht zum Trick werden, um den Herausforderungen des Lebens zu entgehen, denn eigentlich ist es nur ein weiteres Mittel, wie wir uns diesen besser stellen können.

Was die Geschichte lehrt

Im Jahr 431 während der Zeit der Nördlichen und Südlichen Dynastien entsandte König Wen aus der Liu-Song-Dynastie seinen besten General, Tan Daoji, auf einen Feldzug in die Nordreiche. Dieser sollte den Expansionsdrang des Tuoba-Volkes eindämmen, das nach Gründung der Wei-Dynastie die umgebenden Reiche eines nach dem anderen besiegte und sich so allmählich zu einer Bedrohung für die nördlichen Provinzen der Liu-Song-Dynastie entwickelte.

Tan Daoji führte einen langen Feldzug, der von zahlreichen Siegen gekrönt war. Er reihte Triumph an Triumph, bis er nach Zhili kam, wo ihm allmählich der Nachschub ausging.

Dabei erwartete ihn eine neue Schlacht, die noch grausamer zu werden drohte als die vorausgegangene. Diesem Unterfangen sah er sich mit so wenigen Vorräten nicht gewachsen. Also musste er sich etwas einfallen lassen.

Tan Daoji war ein großer Feldherr. Er griff an, wenn er angreifen musste, und zog sich zurück, wenn der Rückzug angeraten war. Er war ganz sicher nicht der Typ, der nur eine Richtung kannte, vor allem nicht, wenn die Schlacht aussichtslos erschien.

Flucht schien also angeraten.

Doch wie sollte man sie sinnvoll durchführen?

Tan Daoji wusste, dass es in seinem Lager einen Wei-Spion gab. Da kam ihm eine Idee. Er sorgte dafür, dass dieser Nachteil ihm bei seinem Plan zum Vorteil gereichte, wie nur wahrhaft große Männer dies vermögen.

Spät am nächsten Abend befahl er dem Proviantmeister, sich von einigen Männern helfen zu lassen und wie üblich die Vorräte zu zählen, indem man sie aus dem Magazin herausschaffte.

Man trug unzählige prall gefüllte Jutesäcke aus dem Magazin. Nachdem sie gezählt worden waren, wurden sie wieder fest im Magazin verschlossen.

Während der Operation fiel einer der Säcke zu Boden und öffnete sich versehentlich. Reiskörner ergossen sich auf den Boden.

Was der Spion, der die Operation von seinem Versteck aus beobachtete, mit Erstaunen bemerkte.

Woher kamen nur diese Unmengen Reis? Gingen denn dem Heer nicht schon langsam die Vorräte aus?

Eigenartige Angelegenheit!

Der Spion versuchte, mehr herauszufinden. Er wartete, bis alle weg waren, dann ging er selbst zum Magazin. Dort fand er auf der Erde verstreut die Reiskörner aus dem Sack, der sich geöffnet hatte. Also verfügte das Liu-Song-Heer noch über genügend Proviant!

Eiligst begab er sich ins Lager der Wei-Soldaten, um Bericht zu erstatten: Das Liu-Song-Heer besaß genügend Vorräte, um seinen Feldzug weiterführen können.

Die Zeit, die die Wei-Befehlshaber brauchten, um zu merken, dass sie dem Strategem XXXVI aufgesessen waren, genügte Tan Daoji. Der glückliche Rückzug seines Heeres verlief geordnet und ohne Verluste.

In Wirklichkeit nämlich war in den Jutesäcken kein Reis! Man hatte sie mit Erde und Kies gefüllt. Nur in einem einzigen Sack war noch Reis gewesen … in ebenjenem, der zu Boden fiel und platzte.

In diesem Fall also war die Flucht eindeutig das »beste Strategem«. Auf diese Weise blieb Tan Daoji am Leben, schonte seine Kräfte und konnte schon bald zu neuen Unternehmungen aufbrechen.

Chronologie der Dynastien Chinas

Legendärer Kaiser Yao	3. Jahrtausend v. Chr.
Legendärer Kaiser Shun	3. Jahrtausend v. Chr.
Xia-Dynastie	etwa 2000 bis 1800 v. Chr.
Shang-Dynastie	etwa 1800 bis 1100 v. Chr.
Zhou-Dynastie	etwa 1100 bis 256 v. Chr.
Westliche Zhou-Dynastie	etwa 1100 bis 771 v. Chr.
Östliche Zhou-Dynastie	770 bis 256 v. Chr.
Zeit der Frühlings- und Herbstepoche	722 bis 481 v. Chr.
Zeit der Streitenden Reiche	480 bis 222 v. Chr.
Qin-Dynastie	221 bis 207 v. Chr.
Han-Dynastie	206 v. Chr. bis 220 n. Chr.
Westliche Han-Dynastie	206 v. Chr. bis 9 n. Chr.
Östliche Han-Dynastie	25 n. Chr. bis 220 n. Chr.
Zeit der Drei Reiche (Wei, Shu, Wu)	220 bis etwa 280
Jin-Dynastie	265 bis 420
Westliche Jin-Dynastie	265 bis 316
Östliche Jin-Dynastie	317 bis 420
Südliche und Nördliche Dynastien (im Süden: Song, Qi, Liang, Chen; im Norden: Wei, Qi, Zhou)	420 bis 581

Sui-Dynastie	581 bis 618
Tang-Dynastie	618 bis 907
Fünf Dynastien (Liang, Tang, Jin, Han, spätere Zhou)	907 bis 960
Song-Dynastie	960 bis 1279
Nördliche Song	960 bis 1127
Südliche Song	1127 bis 1279
Yuan-Dynastie (Mongolen)	1271 bis 1368
Ming-Dynastie	1368 bis 1644
Qing-Dynastie (Mandschu)	1644 bis 1911
Republik China	1912 bis 1949
Volksrepublik China	gegründet 1949

Literatur

Die vorliegende Übersetzung wurde direkt aus dem chinesischen Original vorgenommen: *Shanshiliuji*, hrsg. von Wu Gu, Beijing 1987.

Bingham, W., *The Founding of the T'ang Dynasty*, New York 1975.

Birch, C., Keene, D. (Hrsg.), *Anthology of Chinese Literature. From the Earliest Times to the Fourteenth Century*, New York 1965.

Blofeld, J., *I Ging, The Book of Change*. New York 1965.

Brahm, L. J., *Negotiating in China: 36 Strategies*, Singapur 1995.

Chu, C., *The Asian Mind Game*, New York 1991.

Clavell, J. (Hrsg.), *Sunzi: Die Kunst des Krieges*, München 1988.

Foo Check Teck, T., Foo, T., *Thinking Around Stratagems*, Singapur 2001.

Cleary, Th. (Hrsg.), *Wahrhaft siegt, wer nicht kämpft: die Kunst des Krieges*, München 2005.

Ders., *Mastering the Art of War: Zhuge Liang's and Liu Ji's Commentaries on the Classic by Sun Tzu*, Boston 1989.

Dun, J. L., *The Essence of Chinese Civilization*, Princeton 1967.

Granet, Marcel, *Das chinesische Denken*, Frankfurt [4]1993.
Jikun, L, *Mao Zedong's Art of War*, Hongkong 1993.
Johnston, A. I., *Cultural Realism, Strategic Culture and Grand Strategy in Chinese Histo*ry, New Jersey 1995.
Jullien, F., *Traité de l'efficacité*, Paris 1996.
Ders., *Der Umweg über China*, Berlin 2002.
Kierman, F. A., Fairbank, J. K., (Hrsg.), *Chinese Ways in Warfare*, Cambridge 1974.
Laotse, *Tao Te King. Eine zeitgemäße Version für westliche Leser*, München 2003.
Lau, T., *Best-Loved Chinese Proverbs*, New York 1995.
Lau, D. C., Ames, R. T. (Hrsg.), *Sun Pin. The Art of Warfare*, New York 1996.
Magi, G. *Lieber ein intelligenter Feind als ein dummer Freund. 101 witzige Lehrgeschichten*, München 2010.
Magi, G., *Der verborgene Schatz. Weisheitsgeschichten der Sufis*, München 2009.
McNeilly, M., *Sun Tzu and the Art of Business*, New York 1996.
Niquet, V., *Les Fondements de la Stratégie chinoise*, Paris 1997.
Phelizon, J.-F., *Trente-six stratagèmes*, Paris 2001.
Sage, S., *Ancient Sichuan and the Unification of China*, New York 1992.
Sawyer, R. D., *The Seven Military Classics of Ancient China*, Boulder 1993.
Ders. (Hrsg.), *The Complete Art of War, Sun Tzu, Sun Pin*, Boulder 1996.

Ders., *Unorthodox Strategies for the Everyday Warrior*, Boulder 1996.

Shijun, L., Xianju, Y., Jiarui, Qin, *Sun Wu's Art of War and the Art of Business Management*, Hongkong 1990.

Verstappen, S. H. (Hrsg.), *The Thirty-Six Strategies of Ancient China*, San Francisco 1999.

Von Senger, Harro, *36 Strategeme für Manager*, München [3]2004.

Ders., *Strategeme. Lebens- und Überlebenslisten aus drei Jahrtausenden*, Bern München Wien [5]1988.

Wilhelm, R. (Hrsg.), *I Ging. Text und Materialien*, München 2004.

Wright, A. E., *The Sui Dynasty*, New York 1978.

Yang, L., *100 Chinese Idioms and Their Stories*, Beijing 1991.

Yuan, G. (Hrsg.), *Lure the Tiger Out of the Mountains: The Thirty-Six Strategems of Ancient China*, New York 1991.

Xuanming, W. (Hrsg.), *The Secret Art of War, Thirty-Six Stratagems*, Singapur [2]1993.

Xiaochun, M., *The thirty-six stratagems applied to Go*, Santa Monica 1996.

Über den Autor

Gianluca Magi ist Dozent für Chinesische Religionsgeschichte und Hinduismus an der Universität von Urbino. In Rimini gründete und leitet er die Schule für orientalische und vergleichende Philosophie. Magi hat den asiatisch-orientalischen Kulturkreis intensiv bereist und zahlreiche Bücher zur östlichen Philosophie verfasst, von denen in Italien mehrere zu Bestsellern avancierten. Bei Kailash erschien von ihm »Der verborgene Schatz. Weisheitsgeschichten der Sufis«.